清·高宗撰

日知薈説

中國書店

詳校官編修臣裴謙

臣紀昀覆勘

日知薈說序

日知薈說者取予嚮日日課所為文刪擇編次合而錄之爰定之以名也予稟承

庭訓懋學書齋留連往復於六經四子之書求其義蘊精微旁搜諸史通鑑考定得失區明法戒以至儒先緒論詞苑菁華莫不徧覽雖究心探索饜飫其中然考之古聖賢躬行實踐之學蓋恧焉而未逮自十有四歲學屬文至於今又一紀矣其間日課詩論雜文未嘗少輟積成

卷帙瑕瑜各半踐阼以來萬幾待理豈復得如曩時專志篤學日與良師友敬業樂羣於翰墨之場哉紬繹舊聞念兹弗釋因取其精去其疵録其正棄其偏合二百六十則釐為四卷而舉凡道德性命之旨學問政治之要經傳之淵源古今之事跡莫不畧見梗概夫日知之說出自子夏繼以無忘所能必所知者日新不失而賡續以極於高明乃為學問竅要若予嚮日所得尚非空言而無濟實用則今班朝涖政之間豈不足自考其知

行合一與否以發抒聞見遜敏敦脩手

乾隆丙辰中秋日御筆

欽定四庫全書　　子部一

日知薈說　　儒家類

提要

臣等謹案

日知薈說四卷凡二百六十則乾隆元年

皇上取所製各體文

親為删擇成編第一卷多論帝王治化之要第二

卷論天人性命之旨第三卷論禮樂法度之

用第四卷論古今行事之迹

言之為典訓者

行之即為模法而猶有取於子夏日知之說以之

命名益有以懋昭

聖學矣乾隆四十九年三月恭校上

總纂官臣紀昀臣陸錫熊臣孫士毅

總校官臣陸費墀

日知薈說卷一

天有四德以化生萬物而元為長聖人有五常以財成輔相而仁為首非元則萬物不得其生也非仁則萬物不得其育也聖人之化成天下亦不過宅吾身於仁之中而即用此仁以仁天下耳非別有一仁以為用也惟其一仁之所流貫故能徧覆包涵運量萬物而有餘不然者挾有我之私而術以馭之恩以結之豈足以聯天

下之情哉

為天地立心亦曰立己心而已好生者天地之心也帝王必全具此心而後有財成輔相之事儒生即不能見諸事而不可不充滿此心之量所謂為天地立心也

聖人之道與天同方天不以物有澆漓而廢其發生聖道不以時有隆替而失其正大然物之栽者天則培之尊聖道者時則治焉

先王制法以道諴民仁溢乎中敬行乎事大本既建綱

紀畢張故八表同風聲教暨訖而未嘗不始於寡妻之刑兄弟之宜程子曰有關雎麟趾之意然後可行周官之法度良以君人者立天下之極由親及疎由近及遠設施舉措必有其道也

克明俊德而黎民於變時雍天下歸堯之仁可想也濬哲文明而平成底績天下歸舜之仁可徵也雖然堯舜之心豈計及於天下之歸吾仁哉亦惟盡己之所當為而已己之私不可有也則去之利不可好也則遠之忿

不可逞也則懲之欲不可熾也則窒之克之淨盡至於天理渾全由是而推之老吾老以及人之老幼吾幼以及人之幼如是而一家歸仁於心未足也一國歸仁於心未足也然則即至於天下歸仁其心豈敢遽自足哉亦惟是對越之忱保赤之懷要以終始而已故曰君子體仁足以長人

董子曰萬民之從利如水之走下不以教化隄防之不能止也教化之要莫先於禮記曰以舊防為無所用而

壞之者必有水敗以舊禮為無所用而去之者必有亂患其言可味也蓋禮之設內而制心外而制身當其無事視為無用猶無水之坊欲去之者多矣不知人欲橫流甚於水之氾濫其勢不可底止且水敗止於一鄉一邑而民患將胥天下而及溺焉可不慎乎

綱無綱則不張無紀則不振綱紀誠設漁人舉手而措之魚斯得矣天下一綱也郡縣都邑百司庶務皆環以待舉者也紀綱具在君正其心以布之治斯成矣故綱

非無綱紀也無漁人之手以張之則不能得魚天下非無綱紀也無至正之心以主之則不能為治董子曰人君正心以正朝廷正朝廷以正百官正百官以正萬民正萬民以正四方可謂知政本矣

成王之勉周公也曰亂為四輔公之勸王也曰亂為四方新辟既勉王以作周恭先又自勵曰作周孚先君臣之間動色交警而公之欲以孚信率先夫後人實為臣之極則也葢惟孚然後內無愧於心外無愧於人忠愛

之心皆至性所流出望王之為新辟孚也望王之為恭先亦孚也公之多才多藝輔定王家容有人所不能及者而公之孚則人人可勉苟盡乎孚則雖未如周公而已與周公同其本矣

人君之職惟用人為要亦惟用人為難苟得其人則天下雖大而不難理然必求德全才備之人而用之則天下之人才告乏而職有所曠夫惟量才以授職而又豫造其材以儲之斯朝無乏才而國亦無廢事周書所謂

三宅三俊者是也雖然用人固人君之要務而知恤尤

用人之大本人君苟非朝乾夕惕敬天勤民以居心則

未能志氣如神雖欲辯其孰為克即宅孰為克即俊豈

可得哉彼寄耳目於小人以為聰明者其所謂宅者非

宅所謂俊者非俊也此知人則哲之為難而明目達聰

之有其本也

今之知人其難十倍於古葢官職日增人情日巧故也

說者曰人主但求賢宰相而宰相又求監司監司各擇

守令夫所擇之相即賢亦安能盡天下人材而悉舉之哉故秖可令宰相監司各舉其所知以貢於朝人君審察其可者而授以職事焉且為臣者或可不知而不舉而國家一職茍闕必須以一人任之君人者又將誰諉哉亦惟公以居心虛以接物明以燭情寛以宥過酌輕劑重舍短取長庶可分猷助理耳

好賢之心實不可少替然以受人欺為是則受欺之多必將一反其所為並好賢之心有不得不替者況以易

受人欺之人而好賢則其所好者可知必不能實得賢以好之矣程子此言猶當斟酌其是非也
論者率曰鄉舉里選必當行夫公卿聚之於朝選而用之猶有濫焉況鄉里之所舉乎如以鄉評為公廷論為私是疑數人之欺而信千百人之不我詐也唐元宗以宋昱為選事進士劉廼遺昱書曰禹稷臯陶同居舜朝猶曰載采九德考績亦九載近代主司察言於一幅之判觀行於一揖之間何古今遲速之不侔廼之言未嘗

不娓娓可聽然亦未及所以取士之方也如曰久而覲其效則官使乏人職業又未可以久懸也獨其不重辭華似崇本務實之論然必以是為極則人之心術德行一時固不能深知而先失其衡文之準矣夫言為心聲有言者不必有德安保無言之必有德哉

北魏崔亮立停年格唯問年勞不簡賢否失人之刺與焉然此法既立之後雖有英君察相不能更革者何哉循法則易為力更法則難為功也至唐以身言書判四

者為準始集而試觀其書判已試而銓察其身言較亮法為少優然去古制遠矣濟世之略存乎心非係乎身之豐瘠也澤民之志隱乎衷非係乎言之辯訥也經世之文見乎辭非係乎書之工拙也牖民之具根乎德非係乎判之敏鈍也若必以此四者為準則杜預之身不跨馬當見棄於晉武周昌之期期當不用於漢高王導之書不如羲之何以為中興賢相司馬光不能四六何以為有宋名臣由此以觀取人於標而棄其實者唐之

銓法也然則如何而可曰人君清明在躬正己率物慎簡大臣以主銓選不次以彰廉能依格以勸年勞而僉壬無所施其巧吏胥無所容其奸斯可矣

祁奚能舉善君子稱其外舉不避讐内舉不避親夫舉讐猶可舉親其難也庸人之庇其親而薦引惡其讐而疎斥者固非所以儗君子然君子而以名為重者多矯情以舉讐割愛以避親此其跡與所謂庸人固大懸絶其為私則一也何則親者我也未能無我必慚忘我既

斬忘我即不能無我果其無我安知有親舉其善而已矣

漢命造乎高祖唐業創自太宗二君皆以用賢為急務而陳平馬周之遇且賞其舉之之人後先同揆誠有足傳者然陳平才有餘而忠厚不足且魏無知其故人也若常何之於馬周家客已耳輙知其賢命代草封事因以實對而薦之其作合為尤奇況周性甚正必非有求於常何也雖然使當其時太宗不問問而不召召而不

用周之賢固無從而顯也惟太宗虚心好善遣使催促即拜監察御史於是馬周有遇主之感常何有薦賢之名太宗收得人之效一舉而三善備者此之謂也山公啟事當時傳為美談余謂濤擇才資可為者是矣而先啟擬數人得詔旨所向然後顯奏之是不亦因避嫌而失大臣體國之義乎後世諫君而焚草者未必不由乎此然較之攬權市私與夫庸碌無能不辯賢奸者奚啻霄壤哉

自虞廷九官有命商制六太有先而周官董正訓廸設官分職以為民極六卿攸掌昉於此矣後世雖名制屢更代有損益然六卿為首僚之倡六職為百務之總亦猶天地四時終萬古而不易成王之命百官曰六卿分職各率其屬以倡九牧阜成兆民夫六卿同事王朝職有攸分而治惟一治以言其職則所掌不同以言乎治則總以阜成兆民為事耳天地以四時而成歲功然四時各一其時錯行而不悖總以布天地之化六卿之職

亦視此而已矣

人君莫善於以天下之大為聰明莫患於以一二人之私為耳目以天下為聰明者聖王之公心也以一二人為耳目者庸主之私智也以公心處之則雖薄海之大遐陬之遥不出吾照臨之中以私智處之則一二人之外一無所見而此一二人者輒蔽惑聰明專擅權勢則終於昏暗無知而已矣

賢君不世出名臣亦因主而顯君臣之間在乎誠意交

乎大公至正而已矣周世宗嘗言太祖養成王峻王殷之禍故羣臣有過則面質之有功則厚賞之用是文武各盡其能畏威懷惠其知公正作乎之道者哉

大臣者坐而論道啟心沃心以國家之安危生民之利病為念而不屑屑於小廉曲謹所謂先天下之憂而憂而其憂之也必有安民之實政後天下之樂而樂而其樂之也必有保治之訏謨故廉非人臣之極詣周禮六事廉為本原以考小臣耳大臣未有不廉而未嘗以廉

責之蓋以廉不足盡大臣之分而進思退思之際必更有垂紳正笏不動聲色而措天下於泰山之安者不然小臣尚以廉為本豈大臣而可簠簋不飭哉

唐楊綰相代宗制下之日朝野相賀郭子儀減聲樂黎幹省騶從崔寬第舍宏侈亟毀撤之蓋綰之清名儉德其足表率乎人者如此然當是時天下之弊政多矣代宗方倚之釐正紀綱乃終綰之相寂無聞焉則綰之清名儉德不過自善其身而非撥亂救時之相也

唐太宗自謂以五事自勉獲致成功然考貞觀之政其行之悖於此者多矣獨虚懷納諫為自古帝王所罕有顧不歸美於是焉豈其歉然不自足者乃其所以好之篤而其侈然自信者究未有以驗之深乎

朝有諍臣讜言日聞非其臣之良實其君之明也唯諾成風阿諛日進非其臣之辜實其君之過也君有過而臣言之臣有言而君聽之天下後世不嘉其臣而嘉其君以為進諫者臣之職受諫者君之德也彼逞已私拒

直言過失叢滋禍延家國而不悟者獨何心哉

羅從彥有言立朝以正直忠厚為本正直本於忠厚則逆折奸私而不為刻忠厚出於正直則保全善類而不為黨古之君子如汲黯之立朝闢公孫弘張湯則所謂正直者也耶律楚材每言事太宗曰汝又為百姓哭邪則所謂忠厚者也然黯未始不忠厚而楚材亦未始不正直是以後世均稱為名臣

三代以下漢文帝之於賈誼武帝之於仲舒皆知其賢

而不能大用唐德宗之於陸贄宋欽宗之於李綱急則用之緩則舍之而究亦未竟其施夫惟君臣同德用賢而賢得展其才若唐太宗之於房魏其庶幾乎

人臣事君苟無確乎不拔之守雖有猷為烏知不以為干進之階殃民之具漢之桑弘羊張湯宋之王安石輩何嘗無才惟才不軌於正而無守是以僨轅敗犢雖百誅是人而不足以償其失故用人之道與其有才而無德毋寧有德而無才為其不忍圖已之私而敗民之事

也

孔子告哀公以取人之法曰無取捷捷無取鉗鉗無取啍啍而繼之曰士必慤而後求智能者焉夫智能才也慤德也天下之士豈盡兼有才德者哉其兼有者固其上也不然或才勝德或德勝才吾寧取其德勝者焉此孔子之教也

築室而經理爰謀之不預是無志也何以成翼翼之觀為山而畚簣築削之不加是不勤也何以有巖巖之象

為臣者以惟和惟一者崇其功進思退思者廣其業亦如是而已故必勵乃志策爾勤無致三年不成功虧一簣之譏焉

人君為政必自養民始養民有道在擇其牧民者耳是故除刑罰不如刑得其平蠲賦歛不如賦得其正其平其正不繫於上而繫於牧民之官且上下蠲租之條而遠鄉僻壤督催益切者有之矣上降欽恤之詔而窮黎婺婦恩澤不霑者有之矣惟牧民者一得其賢則民隱

上達君惠下施天下不治未之有也

人臣有權乃人主所大忌然奸臣擅權國祚是移與庸臣避權委靡充位迹雖不同其為國家害一也惟忠良之臣公爾忘私國爾忘家有權之名正所不避夫然後足以安社稷而庇生民不然者旅進旅退竊取利禄主忌則去矣柰天下何故忌其臣之有權者常出於中材之君若英君誼辟未嘗不假臣以權以資治理而君未嘗失權臣未嘗擅權也夫其假之以權之中即有制其擅

權之道又豈中主懼臣之有權而别求監制伺察之術者所可比哉

王道仁漸而義摩禮陶而樂淑其出也有源非無本之治其施也不匱非終日之謀天地資生而資始聖人引養而引恬夫是以皥皥熙熙相忘帝力於何有猶之人日事手挹注而不知水之利我孔厚也若夫霸者之驩虞殆如溝澮之盈涸可立待又安足語井養不窮之道哉

古昔聖王立教化之防昭仁義之則百姓和睦遵道遵路海隅遐陬罔不率俾者非强民以所不能實道民以所固有民之所固有者其身自父母生之其性自天地賦之聖王推己之孝以興民孝而教敬教愛初非離諸己而資乎人此至德要道所以為百行之本也故聖人以孝治天下亦盡其性以盡人之性而已矣

過剛必屈過明必暗威褻而民習狃以輕法苛察而民巧詐以欺上是吾之所恃以為畏與明者正吾之所以

不畏不明也呂刑曰德威惟畏德明惟明洵探本之論

周公告成王治洛曰明作有功惇大成裕嚴中有寬也

成王告君陳治洛曰寛而有制從容以和寛中有嚴也

蓋周公之治在殷民未服三叔流言之時故必治之以

嚴而濟之以寛至君陳治洛之時殷民已久服周公之

訓格其非心矣故治之以寛而濟之以嚴成王周公之

意與文武之一弛一張何以殊哉

人君以敬天為心則必不敢慢其臣人臣以敬天為心

則必不敢欺其君君臣一德而天功亮天功亮而治化成夫然後天為民而作之君君為民而命之臣均無忝矣

宣王不耤千畝虢文公進諫以為民之大事在農上帝之粢盛於是乎出民之蕃庶於是乎生事之共給於是乎在和協輯睦於是乎興財用蕃殖於是乎始敦龎純固於是乎成可見天子受萬方之奉必當推本其所自敬天在於勤民脩已乃以事親知稼穡之維艱體殷憂

而無逸宣王中興之賢君尚忽於此無怪乎後世之以宴安遊盤而費弛此典者多也夫惟聖明之君小心翼翼勤民事體天心而敬誠不怠恒舉耕耤之典良由知此為百務之先化民之本也其致雨暘之若豐稔之徵不亦宜乎

古大臣之忠愛其君者莫要於防微杜漸去其侈心以永保夫君德蓋君心者民俗之所由成君心正則天下咸歸於正孟子所謂一正君而國定也

君人者代天而子民臣工又佐君以亮天功者也故位曰天位職曰天職君奉天而臣奉君必幾康是勑内無一念之敢荒宵旰是勤外無一事之敢曠而猶歉然不以為足者此其所以感天地通鬼神馴致至治馨香福禄永綏皆君與臣共之也

鼂錯曰爵者上之所擅出於口而無窮惟其易也故嬖倖干焉諂邪進焉其邀榮寵希賞賚中君人之好者極盡其銜名器既濫流品雜揉天下事至不可復問君人

者何苦設禄位以招匪人敗亂國政方以為報其勤也豈不哀哉

三代以下稱漢文帝唐太宗為賢主然漢文知人不足而安民有餘太宗知人有餘而安民不足就其似者論之雖各有其長而欲媲美於虞廷之知人安民難矣天以陰陽五行化生萬物四時宣其氣百昌欣其榮而於穆不已之理主宰其中者本至易而無難也地有山川河嶽涵負萬類飛走動息之各安其居發生長養之

各順其序而安貞順應之德根柢其內者本至簡而無繁也樂由天作其極也如乾之易禮以地制其極也如坤之簡是故行綴兆興羽籥作鐘鼓非所謂易也几筵升降酌獻酬酢非所謂簡也本之於中者和而愛則聞其樂者皆知親其親本之於中者和而敬則見其禮者皆知尊其尊尊而親親易簡之化也故樂至則無怨禮至則不爭爭則由於不簡也怨則由於不易也豈所語於聖人之揖讓而治天下者邪夫不能極禮樂之至

則不能易簡不能易簡則不能化成天下彼淫樂慝禮之日興無論矣即規規於器數儀文之末而不得其本原輙曰我能興禮樂也豈有當哉

天使陽出布施於上而主歲功使陰入伏於下而時出佐陽於是乎天地交泰陰陽訢合萬物發生王者財成輔相默協化工亦維是節宣天地之氣調爕陰陽之宜耳故周官所謂天産動物是也所謂地産植物是也動之屬為陽故作陰德以濟其虛植之屬為陰故作陽德

以抑其盈此先王之世所以民登仁壽俗躋純熙山不童而澤不竭胎不殰而卵不殈物各遂生人無鈌養豈非上下與天地同流者哉

上下與天地同流天地聖人之本一也故天地無心而生萬物聖人無為而化萬民非無四時之運六府之脩也化以藏往神以知來過化則誠在事先存神則物隨心感神與化曾何天地聖人之有異哉

聖人之文所以化成天下是故法離之明則以聯天下

之情法良之止則以定天下之分叙五典秩五禮六德所以培其根也六藝所以達其枝也有本有文行之必自其身教之必由其道禮樂百年而後興王者必世而後仁不可躐也不可僞也後世人君若漢武之求遺經明帝之幸辟雍唐文皇之興太學宋理宗之尊程朱謂之為興文教則可謂之為化成天下之文則不可叔孫通起朝儀不過拯一時之弊而已通固非修禮之人而高祖時亦非脩禮之時也惟文帝承平康之後躬

明哲之資休養生息天下無事所謂禮樂百年而後興者此其時也而不能舉道德之士與先王之法尚守通舊儀因循歲月坐致典文湮鬱讓美三代誠可惜哉

貴賤有等上下有别章服有制進退有度禮之節文也先王行禮之節文而清明在躬志氣如神與天地同節故民莫不知和敬矣羽籥干戚以奏之屈伸綴兆以舞之金石絲竹以宣之翕純皦繹以成之樂之節族也先王奏樂之節族而淡而不傷和而不淫與天地同和

故民莫不知和愛矣和而敬故秩然有文皆知尊其尊和而愛故雍然成象皆知親其親尊尊而親親則四海之内坐民之衆有不化成俗美者乎自是厥後禮樂不脩士生而目不覩進退揖讓之儀耳不聞六律五音之盛其有攻乎禮樂者縉紳之儒視為一藝朝廷之上亦視為末節而偶用之於祭祀宴饗其所謂和敬和愛者何在又安望其能導民而成教化哉故叔孫通之禮非先王之禮也祖孝孫之樂非先王之樂也欲治天下者必

在於興禮樂興禮樂必在於脩其親遜致其和愛是教化之極也

居蔀屋者不知天之高登泰岱則知之泛潢池者不知水之大望滄海則知之脩王道者欲得其門戶舍窮經曷由哉

先王之政固不可泥於必行要必識其為政之方與其所以施行之意而謹守之以為制治之本故同一什伍之政也周先王用之以仁民使之出入相友守望相助

疾病相扶持秦用之以虐民使之一人有姦隣里告之一人犯罪隣里坐之夫什伍之政豈能仁民虐民哉周秦之心各别耳

光武起自南陽甫誅新莽天下未定即思所以養治之方先訪卓茂授以太傅而封之且名曰褒德侯光武豁達大度同符高祖得人之盛不免遜於漢初然有善於高祖者非獨能保全功臣也興教化重農桑使天下甫出兵戈焚溺之苦即有遂性樂生之心則又高帝所不

能而必待文景者也以創兼守吾於光武見之

太宰統百官其專司也而以九職任萬民則司徒之事而仍為太宰所統也太宰之均四海於凡九職之事九職之民莫不使之安其閭里足其衣食無游手以失職者無饑寒以失業者無背禮以棄義者無奇巧以惑衆者夫如是則敷天之下罔不率俾五穀以時庶物遂生所謂因民之利而利之而民之蒙利已無窮矣或謂周禮為理財之書雖太宰亦掌其事不知先王言利利在

民後世言利利在官安可以後世附會之說謗先王之良法美政哉

劉晏領度支凡事存經久之見而不計小費推之以榷鹽鬻榖其出納之權必委士類以養民為先事必於一日中決之以防胥吏之弊用能為唐世言利諸臣之最論者有取焉則夫以義為利惠而不費國用以裕而民獲盈阜之賜者其經國大猷更何如耶君子是以讀大學而識生財之有大道也

周禮天府掌祖廟之守藏與其禁令凡國之玉鎮大寶器藏焉獻民數穀數則受而藏之先儒以為重民穀之事與玉鎮大寶同而佘則以為有過之無不及也何則國以民為本民以食為天民食足而後教化興教化興而後國治安國治安而後祖宗之器得以常守而弗墜是民穀之數重於守器也且欲周知民情莫若周知民數欲周知民數又莫若周知穀數蓋能周知穀數則歲之豐歉可稽民之生齒可考由是均其土壤定其邑里

秩其多寡平其政令舉天下之大而燭照數計兼併者無所容其巧也先王於其登獻之時必拜受而藏於天府不以是哉

月令所云來歲之宜即象魏所布之政先王治民原不期於朝令而暮改也宋室行新法舉周官一歲五歲三十歲皆有變更之法以附會其説謬矣

自古有一治必有一亂有一盛必有一衰此天運循環未始不由人事致之也致治之主其兢業恒凜於板蕩

之餘驕亡之君其奢泰常肆於宴安之日語曰君相不言命謂其有造命之權也若諉之天數之適然亦已過矣

孟子曰富歲子弟多賴凶歲子弟多暴國語敬姜曰沃土之民不材淫也瘠土之民莫不嚮義勞也語若相反而實相資孔子曰民可使由之夫可使由之則無論富凶之歲沃瘠之土而皆可迪於善豈非牧民者之責乎牧民者能以父母視子弟之心視民則無論家之貧富

年之豐歉皆欲導之以善故歲富而民不至於淫歲凶而民反習於勞土沃而多賴以為善土瘠而不陷於暴亂若聽民之轉移而無以化導之則歲非富則凶土非沃則瘠必至無一為善之民矣孟子敬姜之言謂民之自為也余所論則牧民者也

論者咸曰井田必當復封建必當行鄉飲酒禮必不可廢三者之中尤以井田封建為要不知欲行井田而致亂者王莽也行封建而致叛者漢七國之難發於景帝

也以鄉飲酒禮為可少緩而行之反無大弊者唐元宗之令州縣是也然考元宗時先王教養之法一事無有而獨取鄉飲酒禮行之是不過愽遵古之美名耳誠何益哉

軒轅氏命伶倫取嶰谷之竹斷兩節而吹之以為黃鐘之宮制十二筩以聽鳳之鳴其雄鳴為六雌鳴亦六比黃鐘之宮而準隔八之法以相生六律之義所由昉也六律定而度量衡莫不定焉六律所以為萬事根本而黃鐘又

六律之根本也葢古之聖王其為民之計至深遠矣為之食以救其饑為之衣以禦其寒處之宮室以去其昏墊董之學校以化其澆漓猶恐其相欺也為之斗斛權衡以信之相奪也為之城郭甲兵以衛之司徒脩六禮以節民性明七教以興民德大司樂以成均之義教王胄子與公卿大夫元士之適子及凡民之俊秀所以作君作師既富方穀者也然其法天時興地利薿人和以興作勞息莫不以六律為之根本授時以歷而歷本於律

齊民以政而政本於律是故分至寒暑之各應其時而歲月日時無差也九十分黃鍾之長一為一分各自其十以登於引則度之長短皆得也黃鍾之管容子穀秬黍中者一千二百為一龠十龠則合積而至於斛則量之多寡不忒也一龠之重十有二銖倍之則兩十六兩為斤三十斤為鈞四鈞為石則衡之重輕不爽也黃鍾正則六律正六律正則萬事成夫天下至大也萬事至紛也以一人齊萬事執此以往莫之或差也此古昔聖

王所以能一道德同風俗也與

周禮寓兵於農時無養兵之費然以戰陣之事教耕鑿之民日教之則勞月教之則疎而當時不見其害者以處之得其當也大司馬掌四時之田仲冬大閱前期羣吏戒衆修戰法則春蒐夏苗秋獮視此矣數月之中而以數日修戰法則民不勞前期試之則民有餘暇必朝夕自試於坐作進退刺擊之法可知

常平社倉之設均貴乎得人然常平在官社倉在民在

官者法立而事權畫一在民者情私而弊竇叢生其理易明也且天下州縣不過數千百而州縣中村社何止數萬求千數百賢能之人猶難而況數萬乎使州縣皆得賢能之員察民之有災而先為申報當民之饑饉而即行賑貸則常平之粟固足備而常平之利亦無窮社倉雖有利亦何必行之哉

宋曾鞏之議賑也以為有司建言請發倉廩壯者人日二升幼者人日一升但日不可以數計人不可以枚舉

如以十萬户待食十閱月將何以濟且給受之際有淹速有均否有誠僞會計之擾辦給之煩措置一差皆足致弊故曰不如一舉而賑之設遇此大祲當賜錢五百萬貫以完其居貸粟百萬石以給其食既免日日就食之勞且無胥吏侵漁之弊而農得以脩其畝商得以治其貨賄流通轉移一切得復其業而生生之計不窮況貸之於今而收於後則儲蓄之實無損實費者為錢五百萬貫而已然五百萬貫之錢一百萬石之粟

亦非荒歲一時所能卒辦者必也藏富於民藏穀於社使饑荒有濟水旱無虞一遇歲歉即以羣之議行之此又在為政者平日經畫之得宜耳

唐開元二十九年立賑饑法令州縣有饑饉者不待奏報即便開倉給訖奏聞余嘗善之蓋當賑而賑如救焚拯溺刻不容緩使奏報遲延曷有濟哉

宋韓琦請留没入户絶田不鬻募人耕而收其租以給老幼貧疾謂之廣惠倉立法甚善其後王安石相神宗

行新法鬻廣惠倉田以為青苗錢本惟知利國而不知利民卒之民病而國亦無所利焉一廣惠倉也由魏公而置由安石而鬻相去奚啻千萬哉

自禹以歷山之金鑄幣救人之困湯以莊山之金鑄幣贖人之無饘賣子者而鑄金為幣之製興焉初未詳其鎔冶之功為何如周郭之形為何式也自太公立九府圜法而錢有專司輕重以銖以賑救民民患其輕也於是乎有母權子而行若不堪重於是乎有子權母而行

輕重得宜公私交便有無賴以相通軍國資以充裕此錢布之所以流通而無弊也自時厥後秦有八銖漢初有榆莢八銖失之太重榆莢失之太輕太重太輕非所以裕國計資民用也故武帝斟酌其宜鑄五銖錢周郭其質後世論者以為得輕重之宜葢銅出於山成於人若錢之為質輕而可以多取貨人孰不盜鑄以圖利嚴刑容法有不能禁者錢之為質重則銅炭之費鎔冶之工監督匠役設監置塲之所需一錢之用不足以償一

錢之本國家又何賴於鑄錢哉故鑄錢必始於權輕重
而輕重之得宜莫過於五銖誠倣漢法之五銖鼓鑄以
利民則府庫以實而國用有儲乃得錢法之中總之鑄
錢之弊在於輕重屢更屢更之弊三代以上無有也自
秦以後始有之世道有隆替風俗有淳漓稽古君子所
以致歎於三代以下也
私鹽之害莫若巧法自利之大商與夫擁衆持兵之大
梟然是二者非與胥吏汎兵相首尾勢不能行有司能

輯軍隸則大弊立除其一二貧民私竊少許資以糊口者比之網之漏魚而不論斯上下均賴之政也

人稟五常而備五倫倫莫先於君親常莫要於仁義戰國時功利之說中人而倫常之理掃地矣惟利是求而遺棄其親者有之背叛其君者有之雖為其君親者亦惟利是視無怪其子若臣之遺已後已也故梁惠王首以利國問孟子而孟子即告之曰王何必曰利亦有仁義而已矣蓋仁義與利勢不兩立循乎利則至於不奪

不𢽗遵乎仁義則人各親其親各敬其君而和順之風被乎天壤然則人何苦而不為仁義去功利哉

明德即慎德也慎德即所以明德也格致誠正各極其功而德明矣由是而有人有財有土有用即修齊治平之事也

天之於民呼吸相關毫釐不隔和氣致祥乖氣致異是以聖王敬天即以勤民重農事恵鰥寡所以誠萬民而動天鑒也樂記曰民有德而五穀昌詩曰綏萬邦屢豐

年蓋以求天之貺必盡民之事而盡民之事又非徒促耕捕蝗之虚文也董戒勸勞之有方禮樂刑政之不忒則應感之符自有莫之或爽者然為上者知天人之響應而又必盡人事以代天工重懲游惰輕徭薄賦使民知惟力田為安利疏川渠修塘堰以資灌溉然後農不督而自勤財不斂而自阜雖有旱乾水溢民無菜色若縱民暇逸而田疇荒倉廩匱即使五風十雨亦難望其自天降康矣

漢文帝除肉刑改為笞法然笞五百者率多死至景帝減其數定箠令以竹為之自是笞者得全史載死刑既重生刑又輕民易犯之余以為生者易犯輕刑較之生者或致於死不猶愈哉且既犯輕刑則非當死之罪明矣而被笞至死仁者所不忍也文景並稱有以哉

臯陶之稱舜曰好生之德洽于民心言無刑之必本於仁也漢宣帝能用于定國為廷尉可謂得其人矣置廷尉平可謂稱其名矣而仁敬未孚本原未粹此其所以

有趙蓋韓楊之獄
司馬光曰春秋傳云兵事以嚴終為將者亦嚴而已矣
傚程不識雖無功猶不敗傚李廣鮮不覆亡余謂用兵
以得人心為本寬以濟猛猛以濟寬若徒以法繩之又
安望其冒鋒刃而樂為用哉
文以治内豈内地絕不講武略武以治外豈外地絕不
敷文德哉若然則干戈起於肘腋何以克戡而延頸嚮
化者終古不需王澤矣惟夫文以濟武武以濟文而剛

柔互施焉則折衝樽俎文非徒文也武在其中矣德威惟畏武非徒武也文在其中矣

人君一日萬幾布政出治端惟一心心欲其虛不欲其實虛則受益孔多實則忠讜莫入也唐太宗初年聽諫不違改過若決其後頗自以為是遼東之役力排衆議行之至於傷威損重始恨魏徵不在蓋太宗能治其事之末不能治其心之本事可勉強於一時而心不能持之於永久故其始也若是其虛受至治成則放焉究非

虛其心者也虛其心則無內外無始終安止順則人欲無由而閒之故為君者莫先正心

易云謙尊而光所謂謙者豈徒卑宮室罷貢獻辭尊號却瑞符已哉清明在躬志氣如神事天之謙也闢門明目舍己從人用人之謙也毋長傲毋縱欲毋極樂毋滿志蒞政之謙也具此數者然後有以持盈保泰長此乂安昔魏徵當貞觀極治時上十漸疏可謂勸其君以有大而居謙蔡京當新法敗壞之餘猶進豐亨豫大之說

以蠱惑君志賢奸之用心從可知矣

蘇軾有言麴糵鹽梅和而不同也葢臣之於君不以阿諛為善亦不以激訐為高惟視乎理之所在而已矣茍合乎理君是之而臣亦是之不入於同也茍背乎理君非之而臣亦非之不入於同也若君之所為合乎理而臣矯之以為非固不可倘君之所為背乎理而臣諛之以為是不更謬哉

天下至廣也萬事至賾也雖有智者博量卜度不能窮

其然惟以誠行之則至簡至易易所謂乾以易知坤以簡能者霸者之驩虞豈無假仁義之政然而不誠也三代以下欲治之主多矣惟其不誠是以無禹湯文武之盛是知治天下者能致其一於智仁勇以行之乎君臣父子夫婦昆弟朋友之間而身不修家不齊國不治者未之有也推而達之天下而天下不平九經之績不舉者亦未之有也若夫舍誠而別有所資焉是猶北轅而適越

大田之詩曰雨我公田遂及我私忠順之意形於禱祠親愛之心並非勉强及公田既渥私田亦霑婦子恬熙樂其樂而利其利仍歸於上之所賜耳自非上之恩德素逮有以淪肌浹髓其孰能誠民心志至於大順如此哉東考甫田之詩曰我田既臧農夫之慶即其悳下勞農之念所以感民者深則其施於政事者固不可考而必其漸仁摩義非歲月之暫可知矣

遐方入貢梯山航海懸橦度索効幾百千人之命力致

之京師不過供一時觀玩已耳人君奉天子民雖日孜孜猶恐不逮况更怠荒其何以治秦皇令徐福往海上求神仙終失千人無所得漢武令貳師將兵求大宛汗血馬費經百萬人亡過半得馬纔二十匹是二君者非儼然為民父母乎夫告父母以殺其子雖愚人不為豈二君智不及此良以逞已私則不顧人命也卒之秦忽而亡漢幸而免亦安能長享其樂哉

天下之治不生於富庶之日而常基於經營勞苦之時

亂不肇於板蕩之秋而常伏於宴安逸樂之際是以人君憂勤則業成驕肆則政壞

君子終日乾乾夕惕若無時不慎也敬之敬之天維顯思無事不慎也人情於可虞之際或致其矜持而當已安之日易生其忽略於所易忽者而無所不用其慎斯所以制治保邦而永享鴻業也歟

日知薈說卷一

日知薈說卷二

天命之謂性性之與理本非有二盖天以於穆不已之理化生萬物而人得此理以為生即具此理以為性故體之於人即可以識天命之不貳而驗之於天又可以察人生之无妄無極太極太極陰陽此天之一理所流行也性緣理而立理從性而生此人之本乎理以為知覺也不稟乎天則性何自來不應乎事則理何由見故理為

制事之宜乃百聖不能易之至言也夫豈別有所謂理而可以妄加之於人哉通乎此則一貫之道也性善之旨也然非至誠之人不能達其說蓋誠為應事之本忠君孝親必極其誠極其誠然後能合其宜合宜者道心也一有偽焉則悖其宜悖宜者人心也自舜發道心人心之說後世學者遂謂道心為天理人心為人欲而不知道心乃性理之端倪程子所謂纔說性時便已不是性也即如太極中雖具陰陽而不見陰陽也至於分而

為陰陽則固非太極矣然則性理而但該之以道心可乎若夫陰中具陽者動根乎陰也陽中具陰者靜根乎陽也陰陽包含於太極者兩儀已立之後也太極不離於陰陽者二氣未分之初也所謂維天之命於穆不已者其不外是乎至於晝中有夜夜中有晝男中有女女中有男水中有火火中有水之論雖其相生相伏之數也要之其去太極亦已遠矣方之於人則如人心之不可為道心也未達於性理者自作主張别生枝葉妄自

以為有道心而不知其入於人心為已甚矣善學者求其性之固有循乎己之當為克己復禮由思誠以入於至誠服膺弗失則一貫有期即性即理本源之學於是乎得致用之道於是乎通古聖人覺世牖民之至意亦於是乎為不虛矣

天命之謂性秉乎天者即生生不息之理率性之謂道體乎人者皆生生不息之心此仁之所以包四德而羞惡辭讓是非皆原於惻隱貫萬善而親親仁民愛物皆

根於不忍也
天有四德而元為長人有五常而仁為首故孟子曰仁人心也言仁者心之德愛之理有仁然後可以成其為人以明仁之不可須臾離至程子復曰滿腔子是惻隱之心益與孟子之論互相發明夫惻隱之心為仁之端未有心具乎仁而無惻隱之心者也亦未有離惻隱之心而為仁者也蓋仁舉其全體而惻隱見其一端人能由是心而充之凡事莫不用其惻隱則仁豈可勝用乎

非特此也必燕居獨處無所不存其惻隱之心則所謂在腔子裏是也以之克己則己克而禮復以之應事則事順而心安滿腔子中無非惻隱之心融融然怡怡然所謂心如榖種仁則其生之性豈外是哉

聖人之言其遠如天所謂化不可為聖不可知終身由之而莫能盡者也其近如地所謂日用飲食出入起居無一事之可離無一息之不在者也然遠以近譬近以遠彰遠天即近地之理近地即遠天之施

行道而有得於己之謂德試問有德之君子其所行之道與夫所謂有得於己者為何若乎蓋無所得也無所得然後為實有得而德在是矣是德也無得失之見也無人我之見也夫必有人我得失之見而後取與形焉無人我得失而取為誰取與為誰與記曰私惠不歸德君子不自留焉然非獨私惠也即詩所云示我周行以德為惠而君子亦不自留也蓋天地與我同根萬物與我一體天下之事無非吾分內之事有何私惠乎示我

以德無非吾心中所固有何必留於心乎廓然而大公物來而順應已不計其為人為我為取為與而斤斤焉於交接之際計其為德乎為非德乎吾其留之乎其不留之乎是皆訓詁者失經文之本旨聖人之意必不若是矣

記曰報者天下之利夫君子不言利而天地聖人則以利為四德之一且以占天下之報者豈不曰報以天下則天下之報即天下之利以天下之利報天下天地聖

人何容心乎故物之來者報之因其自然而各當其理各適其性此利之在我者也物之去也報之亦因其自然而各遂其生各觀其成此利之在物者也利在我而無我利在物而因物所謂以天下之報普天下之利也故廓然而大公物來而順應天地無心以萬物為心聖人無情以萬民為情報者天下之利蓋如是而已矣

張子正蒙謂大人有容物無去物大人者與天地合其德者也有心之容乃無容也無心之容乃有容也既為

無心之容則於何物而見其有去來哉於物而見其有去來者必其無心未造於極者也天地聖人如是無心亦如是有容斯已矣雖間有去物亦容其去而已矣即其所去之地亦在吾容中而已矣若謂去物為推之使去是以凡人之心而度天地聖人之無心也若謂去物為物之去而天地聖人聽其自去是猶以天地聖人為有心而度天地聖人之無心也夫無心而有容此大人者所以與天地合其德歟

周子通書曰廓之配天地天地亦吾廓中之天地也使其不廓則天地不見其為天地安所為配配之云者天地配我而已矣蓋仁義中正性之理也聖人行之則為道然是理也豈以聖人行之而增凡人失之而減乎夫有增減則有絶續欲以配不貳不息之天地不能也然天地不遷而遷者也聖人之道遷而不遷者也不遷而遷極乎氣運遷而不遷統乎理極氣會理而理統氣故天地亦吾廓中之天地而已矣

修身莫過乎知禮而徒知無成也必契其本徒契其本亦鮮通也必致其用故致其用則急躁者失涵養之方優游可法矣契其本則詐偽者失踐履之實忠信為美矣忠信以立其基則卓然有自立之志而言不苟言行不苟行内外如一言行相符於是焉修其威儀飾其容止雖温厲恭安亦於是馴致以底於化而已矣是故忠信舟也優游楫也二者雖相資其先後節度君子不可不知也

中人可與為善可與為惡故有命之説使知出於天而各有所限富貴不可倖求貧賤不可苟避用以防其欲念之萌此乃聖人為中人設教也蓋天命之謂性此命非所謂利害榮辱之命也混然而太虛漠然而無體雖仁義禮智之德皆其中所包涵也而尚何欲之可防哉上帝之所命命此也聖賢之知命知此也君子之所謂命謂此也若夫防欲之命尤其比之糟粕者耳何也一言乎防欲則其為欲已大而其為命已小矣夫子罕言命

不以此歟

太上無思非無思也盡人物之性而思不可名狀也其次慎思勿動於朋從也夫有所勿動則有不能不動者此固聖人所不能强於常人亦曰教之以睿作聖而已葢初於思中蕩滌邪穢使之志氣清明義理昭著然後於理事之應無所不通通微則睿而睿作聖矣此自明而誠之事也

邵子謂指節可以觀天掌文可以察地者其明於理氣

之說予指節象天之四時掌文象地之五方人所易知也人各有所以象之之理舍之而弗由而欲舉手以知天地天地豈易知哉春秋之温肅指弗知也山川之流峙掌弗曉也惟觀四時之運行誠如指節之自動五方之遥隔近如掌文之可睹則氣即理而理即氣三才之道一以貫之矣

少儀云執虚如執盈入虚如有人蓋教人主敬之學也夫言主敬敬豈外來哉心與敬二則有時而敬有時而

不敬又安能合虛盈有無而一之哉聖人教人常使人反身而誠誠在於身又焉用反此其義正與少儀相發明學者誠能與敬合一則執虛與執盈入虛與有人原無二致不見有敬之可主况有不敬之事乎

易曰聚而上者謂之升實君子為學力行之大法蓋地中生木有循序漸進之象焉故其象曰君子以順德積小以高大地中生木非助長之比曰積小以成高大則有事焉而勿正也聖賢教人之法非一端莫不歸於溫

故而知新循序而日進若夫推之為治而允升于大猷亦未有不由於此非聖學之外別有治功也

莊周云不物故能物物言無心則無物之見存然後能盡物之情而無所蔽也有物無物如鏡之照與不照而鏡有所不知大物小物如鏡之大小隨應而現而萬物各一具象具於道非概乎無所見者然具異於聖道者即在此聖道若何曰聖人有心而無為

莊周曰至人無己非無己也無有己之見也其消息沖

融猶透水月華虛而可鑒夫月現於水而月不自見其為月猶物備於我而我不自見其為我則雖應物而動猶不動也故以静止動者猶之塞耳而不聞耳尚在也不動則可矣動則物或擾之至人之無己也譬之無耳尚何有於動不動哉然聖人之止所當止而不見有己與物也則曰艮其背不獲其身行其庭不見其人

莊周謂無用乃可以得大用所謂無用者謂為世所棄也所謂得之為大用者以不材終其天年也是以求得

大用而漫為無用以避世患其與戰國縱横之學相去蓋一間耳君子行法以俟命然幾見其必逢世患哉周之論單豹張毅也又明言其兩陷而無所逃故余謂周之書以知命達生為宗其實命不能知而生亦未能達也

君子謹言慎行欲其身之無過正心誠意欲其心之無過内外交修功每相資者皆言其用力也心體本無過聖人無待於去過舜之由仁義行非行仁義是也

人君慎德而後德盛然慎之為言通內外貫終始微有矜放之心則非慎矣非慎德安得盛哉德不盛則敬不能勝怠義不能勝欲而狎侮作矣狎侮之念萌於中則狎侮之事見於外待賢之禮有必虧臨民之體有必失故慎之為言徹上徹下而務絶其狎侮之萌者也然以慎德而制夫狎侮狎侮仍未忘也苟慎或有時而懈狎侮之乘也如故惟夫慎之又慎以至於無可慎則德盛而不自知其德之盛於狎侮乎何有非聖人孰能與於

斯哉

文之興也敬之所以濟也然無文又不可以表其敬是蓋體用相成之義而立其體以達其用者蓋少遂其用而反背其體者蓋多聖人有見於人之若是也故正告之曰至敬無文然文之為文亦豈外至敬而別有所謂文哉

張子謂不聞性與天道而能制禮作樂者末矣子貢嘆性與天道之不可得聞此即其得聞性與天道也使以

性與天道為可聞則並文章亦不可得聞矣文章者何即禮樂也禮樂與性天並非二事然制禮作樂者必有聖人之德而居王者之位是不可以得兼也豈常人遂不可聞性與天道乎性與天道日在人目前而人弗由之雖揖讓爼豆之間俯仰琴瑟之側謂之為能禮樂者不可夫不有無容之禮無音之樂以與人相周旋乎識乎此則所居者安和而悅豫所謂唯聖人為能饗帝唯孝子為能饗親者具於是矣

天子之貴四海之奉其娛心志悅耳目者何窮而周公作禮必曲為之防者所以謹患難於未然杜放逸於未作故雖一食之頃必以樂侑樂主於和而入人者深所以優柔涵養而導之以心和氣平於是乎天下之大本立矣

聖門弟子三千其賢者七十有二人皆有志於學孔子之道而資禀之剛柔學問之深淺雖聖人不能强齊故同一問仁必因其人而答之如告顏子以四勿示仲弓

以二如二子固七十子中之首出者然四勿則大而該
二如則簡而約盖惟顔子可以盡絶私意直探本原而
仲弓則猶待勉强之功以造乎仁者也學者由仲弓之
敬恕而日積之至於私欲盡天理行斯即顔子之克復
歸仁可决其幾於一日聖人之仁體不即在我乎
謙尊而光卑不可踰非止應事接物之間為然也旦明
夙夜無時而不然如執衡焉必適其平如執權焉必適
其中守之以兢惕奉之以退讓夫如是則有所持循而

驕泰之氣日益以消沖和之美日益以積豈非德之柄乎

天之生聖賢也非欲其自善一身樂道守困於世無補以終天年而已必將使其以先知覺後知以先覺覺後覺故聖賢所處雖用舍不同而畏天命憫人窮以斯世為己任其心未嘗一日息也顏子與孟子其揆一而已矣孟子當戰國時王道式微處士橫議天理民彝不絕如綫百姓困於虐政如在水火中而拯救之不可以少

緩故不得不如孔子生春秋時而以命世自任不敢效顔子之閉戸者然設使顔子之時而無孔子則簞瓢陋巷油然自樂者必變而為斯世斯民之憂惕然而不能自已蓋孔子在則顔子從師顔子之憂孔子憂之矣孟子嘗云禹稷顔子易地則皆然顔子之異於禹稷即其地之異於孟子耳乾父坤母民胞物與之量與夫皇皇汲汲痌瘝一體之心曷嘗少異哉

身欲勞而心欲安身勞惟何義理之事多不適已必寧

受其勞而為之心安惟何中和之養多不從欲必強求其安而為之推而至於利害死生之際莫不惟求其心之安而不顧其身之勞習之久而漸即於化焉亦能泯安勞為一致合身心為一體矣故求仁得仁心之既安身雖勞亦安也若狥利縱欲以求身安心甚勞而身亦不安也故修身俟命之君子勞則不避安亦不求故常得所安而亦不見其勞焉耳

張橫渠曰心統性情情之未發則為性自其初發未發

之間氣乘理而出性動而為情者曰知覺知覺者吾心之良知良能也然非本天命之性又何以發皆當理而不失其天哉故又曰合性與知覺有心之名

君子之治喜怒哀樂也惟在涵養之功涵養之功亦曰存誠主敬而已誠則无妄敬則無慢存之於不睹不聞之地而謹之於莫見莫顯之時至於久而不已則天理全而人欲泯惟率其性之本然而發為情之至正喜怒哀樂有不中節者乎故敬以直內涵養之謂也義以方

外喜怒哀樂中節之謂也欲其發之中節必其存之也
中中者中也中節者和也中而和則大本立達道行而
天地以位萬物以育矣
一物各有一理而物物共此一理大小始終表裏精粗
皆本純一之理以行之不息之誠以守之自夫婦日用
之常以至於國家天下之際統有宗會有元汎應酬酢
無不曲當一貫之道至此而得矣
忠信不主則或存或亡而不能保其不失聞義不從則

或作或輟而無以為高遠之基善人之質美未學主忠信而不徙義者也然無徙義之功則忠信亦不能察識擴充以復其本然之全體故精義以啓徙之端所以察識此忠信也集義以盡徙之實所以擴充此忠信也

聖賢教人惟在收其放心所以收放心者尤當於靜時求之盖人心之動因物以遷是心之放由於動也惟於靜時主敬存誠以涵養之偶有私欲之萌即省察而克治之如是則放心收而天理之公常在我矣朱子所謂

無事則專一嚴整以求放心即此意也蓋專一誠也嚴整敬也不誠則理不能存不敬則私不能克私克而理存放心收矣

君子之學所以己物兼成者亦曰明通公溥而已明通本於靜虛公溥本於動直動於外而直返之於內則公溥靜於內而虛達之於外則明通合內外徹上下孰有外於誠之理乎

周茂叔有先風霽月氣象蓋其廣大寬弘之量得太極自然之理又與二程張朱有不同者矣故茂叔生知者

也明道幾於生知者也伊川橫渠晦菴學知者也橫渠教人以知禮成性伊川教人以主敬其氣量固不若茂叔之廓然然而同為傳道之大儒則又所謂及其成功一也

福善禍淫天地之心也然亦人之自取天地豈有成心哉或者謂一灾一異皆有其應一言一事皆得其報是以己之私心度天地之有心也或者謂天變不足畏感應未必然是以己之放心度天地之無心也

學者希聖而希天其所以用力之道必省察以謹其幾必涵養以完其性幾不可不謹否則縱性不可不完否則狹縱而狹有一不可言學也故主一無適而本立矣格物窮理而知致矣返己體察而實踐矣夫然後優而游之饜而飫之鳶飛魚躍無非自然之趣也沂水春風無非自若之天也於以暢吾中而廣吾志私欲潛消渾然天理殆與造物者游而豈兀若槁木自以為有得者所可比擬哉

中也者天下之大本以言乎内也和也者天下之達道以言乎外也中庸則兼内外貫終始為天命之當然精微之極致孔子所以歎聖者能而民鮮能也

程子曰在物為理處物為義理雖在物而莫不涵於此心也内也義雖因物以處而要皆此心之裁制也則義亦豈在外哉故當其寂也為在物之理義之藏於無朕也當其感也為處物之義理之呈於各當也由是言之舍理則不可以言義而外義則不足以為理君子不憑

心以為理以理之麗於物者為理此萬物皆備之體也非徒循物以為義以循物之理而處之各得其當焉此萬一各正之旨也

物無終始而一歸於朽鳥獸之飛奔騺焉而朽華木之榮爛蟲生之而朽草茂於夏而秋朽之燈明於夜而晨朽之金鐵之剛或煅之玉石之堅或琢之其終亦莫不歸於朽其於人也亦然被服衣裳爭名競利其生則榮沒則已焉於是卓然有志之士思以立德立功立言三

者各垂不朽於世吾謂立德而無傳道之言以牖來者安知不使人疑為黄叔度之儔立功而不本於内聖外王之學安知不為管商雜霸之治至立言則蘇張莊列皆能之適以為生心亂政要必如漢之仲舒隋之文中子唐之昌黎然後可謂立言而仲舒文中子昌黎未始不本於道德仁義以為言條對時事又章章有本末可見施行由是觀之必合三者而皆有之庶幾可稱不朽焉耳

舜之告禹曰人心惟危道心惟微惟精惟一允執厥中

志以道寧之事也伊尹告太甲曰有言逆于汝心必求

諸道有言遜于汝志必求諸非道言以道接之事也

程子曰無適之謂一又曰整齊嚴肅則心便一學者内

而無適以存其誠外而整齊嚴肅以致其敬内外交修

動静有養而德一矣德一則常而純常而純則動惟以

理吉之道也

王守仁曰求静之心即動蓋至人無心以萬物為心以

萬物為心者即萬物之一動一靜無非至人之心也彼其逐逐於物而失其本心者非物之動其自心動也以是為可厭而求靜以安心者不知其動為已甚也且夫厭城郭之喧譁者走而之鄉邑為可避矣久之而鄉邑猶有人在也又走而之山林為可避矣而山林之中鵶鳴雀噪不可避也即驅鵶雀而空其林風生籟動庸可避乎周濂溪曰動而無動靜而無靜程明道曰動亦定靜亦定豈必却動以求靜哉

地主載以任養萬物為功仁道之行無物不載則仁乃萬物之地也儒行謂敬慎為仁之地譬夫觀海者但見其汪洋無際而忘其載而振之者地也必敬慎之心無往而不存然後仁能體事而無不在猶地之可以載水水之不可離地也靜而不能敬慎則心放而仁之體無所託動而不能敬慎則理失而仁之用不能行然非以仁居之則所為敬慎者亦且空洞而入於虛無矣

海若之見少非議言也然猶有見在焉故不過博向若

之歎非無名也比之河伯其為小大則殊矣其為自多又何以異哉至人之見見無見也不存乎見少況存乎見多哉譬之契水之本源而天下無非水也大而為渤海細而為牛蹄之涔在牛蹄之涔不見其少在渤海不見其多不見其多故可以為牛蹄之涔不見其少故可以為渤海海若之存見少是但可以為渤海而不可以為牛蹄之涔也故大德無名必小德之咸備也大器不形必小器之盡該也大智若愚必小智之悉察也大功

無成必小功之全奏也如是則水一而已何有渤海蹄涔之分哉是之為不貳

聖人虛其心而心存脩萬物而非增無一物而非減如是則雖日與物應而無應物之心無應物之心故天下無不可應之物也蓋心猶鏡也必本體至明然後物至必照而無物可以蔽之塵集於鏡而鏡即照塵奩掩夫鏡而鏡即照奩墜鏡於塗而鏡即照塗舉鏡於空而鏡即照空其本體之明不可息也苟雜鉛錫以為鏡則雖

勤拭之而其昏也不待頃焉聖人之心常明以其湛然而無欲耳

謂天地為有心乎有曰天地無心而能生物者矣謂天地為無心乎有曰天地以生物為心者矣是天地之心不可見於物之生生不息可以知天地無心之心無心之心不可謂無既無心矣不可謂有然則謂天地之心即萬物之心不可謂萬物之生皆分天地之心以為心庶乎少近之耳然萬物之各執其心以為心者并非其本心也不

得於己則有怨見可愛慕則生貪天地之心不如是也

萬物之本心無以見則天地之心更不可知然物之生

既分天地之心以為心則雖梏亡反覆其本心不可得

而見而亦非終不可見百事之昏而一事之明則其本

體依然可見矣故易曰復其見天地之心

上德不德下德不失德德者得於己之謂也其德何似

量亦隨之上德之不德其量不可量也下德之不失德

其量猶可量也夫有可量則仍與天地不相似天地以

不可量者為量此天地之所以為大聖人之為聖奚以異是

思慮人之所必有豈能盡絕之使息耶況此有以絕之者又非思慮而何哉惟居敬以立其本廓如太虛之濶而不覺其廣朗如秋月之皎而不覺其明應物而不應於物役人而不役於人夫然則理尚不自立而況於欲乎正尚弗自居而況於邪乎夫有意息思慮是錮扃以防賊也任思慮之外馳亦開門以延寇也延寇者固不

足道而防賊者亦豈有得哉且大盜惟恐其錮之弗固也

老氏之絶仁棄義固以煦煦之仁孑孑之義爲不足高也況非仁義乎晉人之絶仁棄義乃有執乎仁義不足高之意而特以此爲是也夫有所爲是豈老氏之旨哉老氏之道固不足以治天下況效其糟粕者乎

仁之未發也渾然廓然大中至正而已矣人欲觀仁不知何者之爲仁也惟其接於物而如心之謂恕然後有

以見夫仁之施是故老吾老以及人之老幼吾幼以及
人之幼仁之行乎恕者也强恕而行求仁莫近恕之歸
乎仁者也

觀書所以長我志氣拓我聰明且日知所未知日行所
未行久之而内不見我書即為我外不見書我即成書
此與書為化而不以心稽者也故易大傳曰默而成之
存乎德行

聖賢之學即見乎聖賢之書使聖賢於書之外别有所

謂學則書非聖賢之書學亦非聖賢之學矣聖賢立教本欲使人人因書以修聖賢之學以至聖賢之地豈有遺哉豈有隱哉

尊所聞則高明行所知則光大是語也曾子言之董仲舒舉以告其君橫渠張子又稱之以教學者則知工而人君下而學者均當自勉毋使徒聞而不尊知有餘而行不足以日入於空虛無實之學焉則幾矣

大學端本於明德而已及於新民用力於知止而已要

予能得所操者約而所該者博理固如是也然必至於本末無間終始合一無所謂先而無不可先之即先天而天弗違也無所謂後而亦可以後之即後天而奉天時也非大人之學其孰能與於此

敬者志之所由以立者也敬於所存則志於希賢希聖敬於所發則志於堯舜君民徹上徹下無內無外察理則思極其精處事則思極其當如是則吾性吾命之學與修齊治平之實一以貫之此嚴恭寅畏所以事天而

古聖人之修己以敬而安人安百姓者舉不外此也學記曰先王之祭川也皆先河而後海君子之學何以異是滌性命之原返昭曠之本湛湛然出之無窮之府引之不竭之淵所以疏其源也遊之乎詩書之圃行之乎仁義之塗沛然其内充而外達也浩然其日引而月長也優游漸進不舍晝夜而終必至乎大成所以竟其委也雖然疏其源而達其委者又豈有所作為也哉孟子曰如智者若禹之行水則無惡於智矣君子為學無

躁進之志也無穿鑿之巧也順之以自然而待之以積久至於一旦豁然貫通則達海之勢有莫能禦者矣不然者無萬川之歸又安能不竭於尾閭之洩哉

四子言志於由點一與一哂在聖人初無垂教之心而默而成之化而裁之已使人有悠然自會於意言之表者故聖教如化工云

周官亨人掌共鼎鑊以給水火之齊而戴記有曰三日三夜無絶火盖物有久而後熟如此者讀書亦然立志

以端其本如煑之先以烈火也主敬以敕其中如謹視其火候也涵養以成其終如物既熟矣以細火養之使全其味也如是而才醇而德美矣讀書而未至於成則是煑八珍之物半熟而置之也不可惜乎

萬物其同乎羽生者不可以疾趨鱗生者不可以陸游萬物其異乎含靈者咸具其覺知成形者胥歸於物化然有不同不異天地不見其大而纖芥不見其小管乎物我之間而不識其名之自始者其誰耶故螟蛉蜾蠃

異體也苟祝之則速肖之仲尼顏子異形也苟祝之則速肖之自其異者而觀之則無同自其同者而觀之則無異也若是乎同異之不可恃而人第執其旣肖以後者為同而不知肖者非生而同又烏知其不同者之一本於大同耶

人之心即天地之心也人心之所接皆天地間萬有不齊之物以一心應萬事而有餘者聖人也聖人情順萬事而無情不見有己不見有人故無所為思常人則心

役於物思之所以憧擾而朋從也朋之從雖有善不善之分即善而出於朋亦有私繫之失非聖人大公之善矣況乎其有不善者乎

周子曰誠者聖人之本又曰中正而誠則聖矣中正而誠思誠之學也思而誠與誠者無異矣及其知之一及其成功一此之謂也中庸言學曰其次致曲困知勉行者必加人一己百之功焉是以聖人之道有一致而無二途有漸進而無躐等不可息也不可躁也終吾身而已

矣

日知薈說卷二

日知薈說卷三

巻阿之卒章曰君子之車既庶且多君子之馬既閑且馳其意以為是足以待天下之吉人矣夫燕遊之地志易荒而情易蕩于此馬勸之以求賢且其車閑馬馳不用之于馳騁虞獵之地而即用之為招徠英哲之舉隨事進規因時納諫非老成忠厚之臣心乎國家者不能也且成王繼武王之盛車不患其不庶且多馬不患其

不閑且馳也但患治亂之臣一心之衆未必如曩時之極盛耳然使有其臣有其衆而車不庶馬不閑亦不足以張六師而揚聲靈此名公慮國遠謀既深求賢之意于言中亦寓奮武之意于言外心乎愛矣遐不謂矣召公之謂與

人惟無思則好惡無所見其端既有思不入于正即入于邪邪則不能好善而惡惡不能好善而惡惡又何問其至不至乎若其無邪則正矣正則能好賢而惡惡矣

顧其情不永其志或移則雖好猶不好雖惡猶不惡也是故厚于始者不能保其不薄于終勤于先者不能保其不怠于後緇衣之改為改造適館授餐其始終先後無間也故曰此好賢之至也不敬而聽之則萋斐未必不為貝錦之文致哆侈未必不為南箕之羅織巷伯之投畀豺虎有北有昊而又戒以敬聽其疾讒痛惡亦始終先後無間也故曰此惡惡之至也

陰陽相感而生萬物萬物相感而生其能不相應乎水

流濕火就燥言其氣之相應也夫濕燥非水火也設濕即水而燥即火則其性所自具何必言流與就哉故流就以濕燥定濕燥以流就成相因而生相感而應固勢所必然然文言不繫水流火燥之義于九二于九五言之者以見水流濕則濕之水非復水之水也火就燥則燥之火非復火之火也臣遇君則君之臣非復臣之臣也如是而後利見大人之義顯

雷風天下之至變也然至變而有不變者存恒之名因

是而立君子立不易方亦以易中有不易耳譬夫中天下而立自南見之謂之南自北見之謂之北此不易之至必存乎易之中也故雷風之恒非恒也君子之不易方非不易也其必有易之不易不恒之恒明矣

聖人之覺世牖民也惟斲敷天之下聲教四訖合于大同然其布政施猷亦惟是蕩蕩平平使民遵循而弗知蓋其心忠故不忍不以民之所不能者引為已任而其心恕故又不忍以已之所獨能者強以相繩夫羿之教

射必至于彀不能強其必羿也大匠教人必以規矩不能強其必大匠也聖人教人多方誘掖為之禮以節之信以結之以至容貌衣服燕游食息之間凡所以教之之術無所不用其極然不能強其必聖人也夫不強其必為聖人是以人人可以自勉上之至于賢聖而無難下之亦不失為寡過是則聖人不得已之心也

子路治蒲孔子過之稱其三善曰恭敬以信忠信而寛明察以斷夫孔子未嘗見由之政也然而其境治知民

盡力其邑完知民不偷其庭閑知政不擾凡此者由未必斬人之知而衆人亦未必知且非特衆人不知即蒲之民亦相安于無事而不自知惟聖人諦觀而審察之則田治績之善于其境其邑其庭可考也此所謂有實心者必有實政不求人知而人自無不知之者也

六月之詩美周宣王北伐先陳王用文武之吉甫以靖外而終之以錫宴則孝友之張仲在焉若曰吉甫靖外之功皆張仲之左右王室相資以成云耳夫自古忠臣

義士効命彊埸之間而功績不能上聞措置不由巳出甚至功垂成而中輟志未伸而亂隨大都受制中朝動輒掣肘國事以去身命徒僨此英賢所以負戟而長嘆者也且此居中掣肘者豈必皆仇讐哉直妬其功成則巳將不利甚有受敵賄賂戕害忠良而不惜如秦檜之于岳飛皆自私之心勝故置國事于不問也夫張仲未嘗自言其居中運籌之功詩所謂孝友其實亦未可考第以吉甫之成功若是其速且易則與王共處乎内必

無一忌刻吉甫者相與公忠輔國以期其有成也詩
曰有馮有翼有孝有德如張仲者非其人哉
周禮遂人治野以下劑致甿蓋甿或自六鄉徙而出或
自侯國徙而來無田之可耕而輕去其鄉必皆逐利以
居者也是必有以還定安集之使有恒産而後有恒心
且六遂在鄉之外其去王都也遠其爲土地也博故其
致甿雖受田有上中下之殊而及其會之惟以下劑爲
率而可任也者家僅二人則所以優之者至厚此天下

之民皆恱而願爲之甿也然田有上中下之差而任之一凖以下劑人又孰肯受其田之下者是徒以利起民之争而政亦不平故其後又繼之以辨野之土田均百晦而萊則有五十晦百晦二百晦以上中下爲差焉夫遂人安甿以田里擾甿以樂昏教甿以稼穡利甿以興鋤勸甿以時器任甿以疆予而終之以土均平政致之之後所以安定教導之者又如此其備于是無恒心之甿悉化而爲有恒心之民也豈僅一招致之術哉

仲尼以萬世為土立四府以約之易書詩春秋是也其運于世如天之四時未嘗一日而稍息故昊天之盡物不在四時而因四時以見聖人之盡民不在四經而因四經以顯

鼓無資于五聲五聲不能外鼓以成九奏之諧水無資于五色五色不能離水以成山龍之繪其在于人內而五常外而五倫其相接而為內外之樞以備具乎一身者莫若五官五官不能自治其治之者曰學學之道桼

何亦惟推五常之性以接乎五倫之交俾無不得其宜而已夫五官質也雜乎器質之緣則理欲半之盡其學之之道而恭從明聰叡之德雖聖賢不是過否則外物之交已私之錮有不可勝言者非如五聲無鼓五色無水徒紊其聲敗其色而已也則夫五官之于學豈不較聲之于鼓色之于水而更重哉

淮南子曰以禮義為衣蓋以人不可無衣無衣則寒國不可無禮義無禮義則亂身寒一人事耳國亂其害可

勝言歟君人者受天下國家於宗廟父母延子孫之裔爲萬民之歸苟不知禮義之防則已知禮義之防而自壞之是何異于裂冠毀冕若伯子之欲同人道于牛馬也

易有太極是生兩儀盛德大業均于此出何可言無然無極而太極太極本無極又何可言有乾至健而坤至順易知簡能之本也陽主生而陰主成神伸鬼屈之理也是惟有一動則有一靜其動也不可謂之有其靜也

不可謂之無但動之幾必始于靜靜之幾必伏于動由靜而忽動者自無而之有也由動而復靜者自有而之無也夫有無者動靜之流也動靜者有無之機也動靜尚不可名象而欲以有無盡易之大是亦不自量也已然則易之道無有無乎謂易為有有無不可謂易為無有無不可第不可以言有無盡易耳然則舍有無又何以言易傳曰易本隱以之顯言本天道而達于人事也其道蓋不倚于有不泯于無則不言有無可也即言有

言無亦無不可也

君子觀謙象而知物之難稱也物之不齊有如地中之山高者高下者下而高下又不可以數計惟地之載也無心故高者高平下者下平而無有不平其施君子裒多益寡豈曰損有餘補不足裒彼多以益此寡乎如是則被裒者常怨被益者常喜非平施之道也君子于民之多寡有如地于山之高下多者多平寡者寡平而究無物之不平者以其無心耳

君子之道本諸身徵諸庶民其身有令民可觀之德猶思日孜孜不敢自是必于民心之向背風俗之淳漓以觀吾所行之臧否與所令之善惡王者舍民無以成我觀民即所以觀我也夫出治惟我所治惟民觀我觀民交相為治也而聖人必曰觀我生者蓋君者賴民以生民治而後君為不虛生于民之上不然君若贅疣何用其生哉

文周之繫易也有貞凶者矣未有中而凶者也有正而

不中者矣而中則無不正也以此見正可力致中必晰理之精守道之篤然後可以言中而仍不失其正

韓子曰易奇而法詩正而葩使易徒奇而不法與陰陽術數家言何以異使詩徒葩而不正與雕蟲小技壯夫不爲者又何以殊哉故易之道大矣而云懼以終始其要先咎詩之教廣矣而一言以蔽曰思無邪無邪則正也懼以終始則法也史稱昌黎因文以見道又云有衛道之功觀此二語自非見道者何能言簡而義備若是

哉

天地運四時而不知四時之運聖人理萬幾而不知萬幾之理文王大聖人豈端居守默、杜絶知識恐擾其靈臺者乎杜絶知識非不識不知文王之不識不知乃如是識如是知而不識不知此所以為順帝則也故孔子曰聲色之于以化民末也推而至于上天之載無聲無臭夫此無聲無臭豈離日月星辰之麗乎天百穀草木之麗乎土而别有上天之載乎明乎此則文王之不識

不知非無識無知也亦如舜之由仁義行而非行仁義
云爾
下學上達實惟聖人能之即此下學即此上達非日積
月累以求達之又久而後達之謂譬夫積寸成尺寸自
寸而尺自尺非寸成尺也上達不外于下學者又如寸
尺雖殊不離于度所謂上達則知天也我知天天其不
知我哉
易以道陰陽一陰一陽之謂道繼之者善成之者性孟

子道性善而不及陰陽性善之實際此理即陰陽也全易之理惟以陰陽消息顯性善之實際吉凶悔吝皆末流餘派也郝子曰孟子之言未嘗及易蓋不如常人之日以吉凶悔吝捃摭其詞以言易也又曰孟子善用易所謂道性善其理實與易脗合不言易而實為善用易矣

卷阿之詩曰豈弟君子四方為則豈弟者教養之本也人君以一身教養萬民力有所不逮而勢有所難周故

先之曰有馮有翼有孝有德得此人以為引翼則豈弟君子四方以為則矣既勸之以教養萬民又教之以求賢自輔人君為政之要孰有大於此者乎

小行人之職命之以五物巡行諸國而辨異之以反命于王俾周知天下之故至五物之終有曰以康樂和親安平為一書非謗政治之美而張大其辭也蓋以民莫不欲康樂其室家和親其宗族安平其鄉里而好為背理棄義以干犯法紀者凶荒之苦政治之乖有以驅之

而遂以法繩之此小民無知而干憲典者所當哀矜而拯救之也周公以為利害之興除已當政教之養恬靡遺人事無悖逆之失天道無凶荒之厲然後可收康樂和親安平之效而大同之風以成其尚有未周則必精察其故或競絿張弛之有悖以致天譴而釀民患兢兢靡寧乾乾惕若俯仰跼蹐而不敢少康蓋尊王敬天勤民之本均在於此矣

周禮籥章氏凡國祈年于田祖則龡豳雅擊土鼓以樂

田畯按豳雅之什曰誕后稷之穡有相之道所謂輔相天地之宜也茀厥豐草種之黃茂即其事也必人事盡于下然後有以輔成帝命率育之心而黍稷實穎實栗故能為酒醴以祭先祖而洽百禮其詩曰壽考維祺以介景福樂嘉報之無已也而籥章氏歛吹以樂田畯即所以樂田祖也田畯者古之勞農勸相司嗇教稼嘗有功于農事為田祖所佑者也祈年于田祖而歛豳雅擊土鼓以樂田畯蓋云田畯是享庶乎有以佐神農之治

而興我稼穡云耳且斂粢以祭舉國之民皆與焉于是予得聞先王服念勤民康功田功之事先民勤勞稼穡以祇率懿訓之休而東作西成競相勸勉惟土物愛罔敢怠弛盡人事之勤獲天時之報此又周公制禮之本意所以為萬世勸農之法也歟

周之王業雖造于太王王季文武而開皇靈承天眷綿寶祚撫萬邦實由后稷教民稼穡肇祀上帝始之故惟后稷之祀易富亦惟后稷之祀難則也難則維何有后

稷之德與誠則明水之薦可告馨香無后稷之德與誠則雖爍陳乎薦璧黄琮備列乎鏞鐘賁鼓吾知神之不享矣古聖人先成民而後致力于神未有民不和而神降以福者后稷詳穡事以供粢盛成民者至即所以事神者誠豈猶有致憾于未備哉迨其後周公作禮樂漸至文盛而太羹不和犧尊疏布冪禪杓猶祖述先人之意即以后稷所以事天者事后稷記稱武周為達孝蓋武周之孝自后稷之祀有以啓之矣

人主之祥莫大乎集福而得福之由必在得賢以自輔卷阿之頌成王也既期之以彌性純嘏于是又告之以馮翼孝德之助興其梧桐鳳凰之思以歆動之猶既醉之什言介爾景福而必曰朋友攸攝假樂之篇言千禄百福而必曰百辟卿士之媚云耳

周禮禁原蠶論者謂蠶馬同以天駟房星為祖物莫能兩大再蠶則蠶盛而馬耗禁之所以蕃馬也蠶既與馬同氣恐蠶盛傷馬獨不恐馬盛傷蠶乎意者校人祭天

駟而馬質掌馬政使並掌蠶禁所以禁原蠶者恐其氣竭則來年之蠶不能蕃滋所以節盈虛消長以為阜物育材之本耳究而言之蠶之為用在民而上供緜枲則仍入乎官馬之為用在官而成羣阡陌則仍利乎民聖人之政亦惟斟酌損益與時偕行期于政修物阜而已又何容心于蠶馬之分哉

周禮夏官司勳掌有功者于其生也銘書于王之太常君牙所謂厥有成績紀于太常是也于其沒也祭于大

烝盤庚所謂茲予大享于先王爾祖其從與享之是也然考司勲之職國功民功皆在所等而官獨列于司馬者尤見先王敬軍事慎戰功之意易師之上六曰大君有命開國承家小人勿用師之終賞之慎也以為非是不足以為勸也

周禮小司馬軍司馬輿司馬行司馬之官其所職掌不具載此如冬官之文缺耳或以為運籌帷幄决勝千里是在臨時應變非可勒為成書依而行之者故秘而不

宣非也周官所載政事之顯然者耳臨陣之幾非書所能載亦非體所宜載雖諸職具存亦不宜有此也若有此則宜見于主軍之司馬不宜散列羣職以是知其為缺也聖人之政豈有隱哉

魯衛中興之際文公紀騋牝之三千僖公稱駉駉之壯馬其事略同顧衛自渡河以來流離遷徙至文公而始安集遺民僅有寧宇僖公世保龜蒙考諸閟宮泮水所詠喬喬皇皇較之定中播遷者迥異焉即其駉壯之盛

馬知王政之不由是而興乎然所以致其盛者亦惟僖
公之思有以致之耳其曰思無疆以言其有廣大之量
也思無期以言其不苟于近利也思無斁以言其持之
能久也思無邪以言其志之必以正也是其出乎心者
有本取于民者有制而無邪一語尤足以見其淵默靜
深之中有易直子諒之德以是推之雖使周道復興其
亦可矣區區之馬云乎哉然魯至文宣漸以不振而僖
公亦未聞垂裕久遠為卓然首出之君者由其立心究

未造于無邪之至耳夫慎獨謹微之功至則念慮之間渾然天理而有以得夫性情之正天德王道一以貫之思無邪一言聖人取以蔽三百篇之旨若僖公者又安能與于此哉

周禮膳夫酒正王及后世子不會之文後世有必不可行之勢而行之且必有害者蓋太宰以九式佐王均節財用四曰羞服之式所以量入為出定為法式使無奇服異味酣飲之失則不會而猶會也第不令膳夫酒正

以羣有司而準法以沮王及后世子耳唐太宗輿國之君過信經義詔令太子用庫物有司勿為限制馴致承乾驕奢過度不終其德後雖悔之不可及也是猶公羊復讐之説誤用于漢武之世而征伐之禍興王安石據國服取于民之説神宗信之而青苗之獘劇皆不善法古之前鑒也

頤之彖曰養正則吉盖義理之養與飲食之養不可偏廢故觀其養人之能以正者必教養兼行君師並任之

大君也觀其自養之能以正者必寡欲以養心秉禮以養身之君子也所養自養就其尤重者言之則寧失養身不可不養心此孔子所謂不得已而去食者也

資烹飪者莫如水利煅冶者莫如火善從草者莫如金成什器者莫如木宜稼穡者莫如土粒萬民者莫如穀此六府者聖王知其為生民需也是以修之猶恐民飽煖而無教或農末之相病而凶荒之無備也故正德以興民行而民罔有悖倫者矣利用以便民事而民罔有

乏資者矣厚生以阜民財而民罔有饑寒者矣此三事之和聖王所以汲汲于六府之後而併力以圖之也修六府和三事而民之相生相成于其中者不見創作之勞咸順大化之内此無他聖王以利民為心而治之復得其道耳得其道柰何濬哲文明温恭允塞此建中之本也闢四門明四目達四聰此為政之基也惇德允元則元愷并升難壬人則四凶胥斥此用人之要也後世豈無欲治之主而施之不得其宜或清静而廢事或更

張而變法故必曰以聖人之心行聖人之政而後可

周公之告成王曰君子所其無逸言以無逸為所也召

公之告成王曰王敬作所言以敬為所也夫無逸必本

于敬而敬則自然無逸敬作所即所謂所無逸也二公

誠懇之心同而告王之言亦無不同如此詩之美成王

曰成王不敢康不敢康即所謂敬作所也所無逸也蓋

有得于二公之教云

見善則遷有過則改為益之道然必樂取于人日見其

益而後能與時偕行日進無疆天保之詩曰俾爾多益以莫不庶蓋人臣寓規于頌欲其君受善無違而進善者衆也夫福之多由于益之多益之多由于虛心以受善曾見予智自滿者之能受福乎後之解者多曰無事而不受福則得之也極多不知所謂多益者正謂受多益也俾爾單厚何福不除言厚之能受福也故三章又申之曰如山如阜如岡如陵言單厚之受福也如川之方至以莫不增言多益之受益也此可以見君臣交勉

之意矣

易蒙之象曰君子以果行育德果行育德非童蒙之事也而大人之欲開童蒙者則在先開一己之蒙果行育德其方也周子云山下出泉靜而清也則仍以育德爲果行之本

涓涓之水終成江河水之出于山下也沙石以壅之藻荇以牽之惟其源深而流遠一達其機沛然縱之已耳走沙石浮藻荇豈更爲其所壅滯哉人之于性也亦然其始

見乎情而發于事也私欲以紛之利害以擾之惟其育德而果行誠一不貳推而放之已耳絕私欲屏利害豈更為其所紛擾哉故果其行如水之必行育其德如水之有本以之進德以之修業入聖階梯豈外是哉然亦何以育之果之乎克己以去其私主一以立其本涵養以裕其中篤實以充其量則內育而外果矣內育而外果則有靜正剛中之美推而達之天下斯可矣

廓然而大公者聖人之存心也物來而順應者聖人之

應物也德量之宏于斯見矣苟非私欲全消渾然天理以萬物為一體者其孰能哉易泰之九二曰包荒解之者曰聖賢之心無棄物堯舜之道欲並生非包荒則不足以體天地之心而盡君師之道此德量之宏也

太上立德其次立功又其次立言立言固不朽中之又次者也然必其德與功不見施于時因而為扶樹道教之言以立人極然後可與聖賢之書相表裏六經語孟聖賢之書也至于子史百家不過文人學士攄其胸臆

寫其牢愁事或過而匪當文或深而礙理沉溺乎此而六經語孟反不致力所謂讀書以明理者果安在歟然則子史不可觀乎曰何為不可折衷于六經語孟而已矣夫肉雖多不使勝食氣不謂恐勝食氣不食肉也讀六經語孟者資之子以益其識之宏博資之史以觀乎時之盛衰反而察焉其理合乎六經語孟否乎其事合乎六經語孟否乎其合者必其正也其否者必其邪也正者施則順而措則宜也邪者生于其心發于其言害

于其政與事也凝神靜氣體驗察識而得其精焉夜以繼日不自晝焉則内有以治其心外有以應乎其事因子史而益精六經語孟之旨則讀子史之功又奚可泯哉

漢宣帝甘露四年詔諸儒講五經同異于石渠閣其時施讐論易周堪孔霸論書薛廣德論詩戴聖論禮嚴彭祖論公羊尹更始論穀梁而太子太傅蕭望之等實平議以聞帝為之稱制臨決且置梁邱易夏侯尚書穀梁春秋博士一時傳為盛事然予竊有疑焉蓋經學之不

明于天下久矣漢承秦火之餘諸儒補綴收拾非盡師授能得其精意其危若繫千鈞于一髮幾何其不斷以絶也考之史傳所載田何之易爲最古盖商瞿受之孔子六傳而至何者也焦贛之易第載陰陽讖緯之言則京房所習者是也費直之易則以彖象文言分入諸卦得鄭康成王弼爲之註其學遂獨行而帝之置梁邱易博士則以梁邱賀盖習京氏之易者也不遵古而讖緯是究非矣書有古今文之異今文先出而古文後出夏

侯氏之書傳自張生而張生則受之伏生帝立夏侯之學豈周堪孔霸亦治夏侯者歟春秋當漢初有四家公羊穀梁鄒氏夾氏也鄒氏夾氏至王莽時始失傳當是時帝獨置穀梁博士則有取于尹更始也禮始于河間獻王二戴删定之以無專家不置博士是矣而左氏春秋因晚出是時不及置博士不深可惜哉大抵宣帝居民閒雖曾學習經書而年十八即為天子師授者亦未純當其稱制臨决又未嘗不斷以己意是以不能成大

同之䜌

君子之守正非惟一時之去就固應如是即揆之榮辱得失之間君子之見遠而慮大與小人之計小而謀促者亦不可同日語矣

表記曰君子淡以成夫有人已内外之見者不能淡者也君子内不見我外不見人與物無親而無物不親譬之于水無不淡也則無不以淡成也大而江河細而溝澮非水分也人自分也有分則人我立而水之淡終始

無分也故曰君子如水水惟無已故以水為水可以水
為醴亦可醴水之所成也小人者君子之所曲成也
神明而陽乾之屬也鬼瘖而陰坤之屬也純坤至十月
纔見而一陽來復子月天開先王于是乎行郊祀之禮
以逆微陽記云禮行于郊而百神受職葢陽氣方倡而
生物之始也然禮本于天而成于地乾德統天并坤而
有之使其稍有不恊則于陽氣或悖而不足以發生物
之機是故先欽若昊天對越上帝則風雨節而寒暑時

地且受職況百神哉

呂刑曰惟敬五刑以成三德蓋刑獄之事民命攸關已死不可復生已斷不可復續聽訟者稍有不敬則心不能虛不虛則不明而欲判曲直于俄頃之間難矣夫敬者誠之見乎事者也慎者又敬之及乎微者也舜之告臯陶曰惟明克允所謂誠也周公舉蘇公折獄以示法則曰茲式有慎蓋亦視人之器量有廣狹規模有大小而所告有殊然曰誠曰敬曰慎其致一而已矣故程

子曰敬之一字徹上徹下豈惟典獄者宜然雖修齊治平一以貫之矣

乾為至健之卦故其德曰元亨利貞乾元統天坤之德亦具此矣至坤索乾而得其初爻則為震其序為長子其德為動其象為雷其位為東方皆得天宸初乾之用悉著于此故天下雷行為无妄之卦而亦有乾之四德也夫天下雷行震動發生似但有元亨而無利貞也然萬物得此而各正性命非利貞而何哉

詩曰豈弟君子求福不回福非小人之所能求也其未得也邪謟以干之其既得也又驕泰以失之故必君子然後能自求多福而求而必得得而能守其諸異乎小人之為與夫君子小人之分理與欲而已君子以順理為福小人以從欲為福順理則裕從欲則危日處乎危而以為求福吾恐福不可得而禍且隨之君子之自求多福亦惟正其心修其身順適乎天理而終始不渝則此心常泰而動罔不臧何福如之易所謂積善有慶書

所謂作善降祥固有不期至而自至者然君子方以邀天之福而愈惕然于内省之修其始也既未嘗有求福之心其繼也又何嘗以得福為樂哉夫順者逆之反福者禍之基不順乎理必速之殃庸可常保其福乎君子之乾乾惕若不遑寧處者正以斷順乎理而永綿茀祿也故曰百順之謂福

君子進德修業敬義夾持而後油然豈弟有子曰知和而和不以禮節之亦不可行謂和樂須節之以禮也程

子曰敬則自然和樂謂節之以禮然後能和樂也由是言之禮其樂之本與

洪範曰既富方穀非使其臣廩祿有繼衣食有給以單厥心阜成兆民哉蓋君之所任者臣也臣之所理者民也民之所賴者治也君賜祿以富厥臣則臣穀其身以理民臣穀而民治熙皞之風可幾也小人貪得無厭廩祿之外多方以求之賄賂公行而暴斂苛索常若不給未嘗不富也而穀于何有故繼之曰于其無好德汝雖

錫之福其作汝用咎以是知人君操馭富貴之權得一正人而用之則當富之而致其用此福之有賴于錫而錫之必揆其當者然也至人君之所以穀一身而穀萬民者尤不可不慎天之愛人甚矣豈其使一人肆于民上而能永保天祿乎若夫百姓之家雖無位以施其善然睦宗族和鄰里給貧乏恤鰥寡亦可以為穀之道蓋貨水也壅之則溺宣之則通溺之者亡通之者昌自天子以至于庶人知乎天地生成之憾惟在不自私其富

則建極保極之理有實而可循者矣

禮者敬而已矣君子敬以直内如松柏之有心禮之用和為貴君子和以應外如竹箭之有筠以竹箭之筠較松柏之心似心内而筠外心為質而筠為文要之外根于内君子之居心即所以應物也誠敬之至通于神人事天饗帝皆本于此彼徒以威儀玉帛飾諸外者無其心矣遑問筠哉

記曰人情者聖王之田蓋生民有欲無主乃亂上天眷

命作之君師君師者所以裁成輔相而治其情者也得其道而理之則其情協拂其道而驅之則其情亂協則天下歸心亂則兆民背叛其機甚微而宗社之安危係焉故聖王之治人情猶農夫之治田聖王小心畏慎日昃不遑所以事上帝而畏民嵒者凡以治人情而無鹵莽滅裂之患故大順大化淪肌浹髓萬世之業本于此焉夫惟施之也有次第是以其成功大而遠彼不以治理為心而耽晏安者是猶棄田而弗治而覇者之假仁

仗義以斲速成者亦猶揠苗助長均為戕之甚矣君子求為己則不斲人之譽求實得則不因有虛名而自止記曰貴玉而賤碈此物此志也小人之異于君子者有二庸懦無成者猶瓦缶之自棄假名要譽者猶以碈而亂玉君子依乎中庸溫其如玉人不知而不慍遯世而無悶亦如良玉之在璞耳孔子欲待價而沽蓋求而不能待則玉已自失其美矣可不慎乎

黄叔度淳行可風可謂有踐履矣而無所發明後儒疑

之以為其行不可見也韓昌黎原道原性諸篇精于發
明者也踐履容有未純不失為通儒故有發明而無踐
履不可有踐履而無發明亦不可然必由踐履而有發
明則所發明者皆自道其所有始為親切可貴也東萊
所謂踐履多于發明者誠得聖門先行後文之旨歟
春秋責備賢者為賢者諱聖人之心天地父母之心也
天地栽培傾覆作善降祥父母之于肖子有無已之心
焉賢者亦聖人之肖子也其是耶聖人固從而實之其

非耶聖人固從而非之至于是之中有非非之中有是亦酌其是非之大小始終而責之備焉為之諱焉其諱之也非有私于賢者其刻之也非有刻于賢者凡以大公至正之心為彰善癉惡之道耳是故責之之心至嚴而諱之之心至恕賢者之有失常人或不及見而聖人必為責之其待賢也何其嚴賢者之偶失常人必不能容而聖人必為寬之其待賢也何其恕嚴恕並行仁義兼盡善者知所勸不肖者知所懼後之處已待人者舍

是其安所準哉

君子之與君子處也固有以敬業樂羣輔仁勸善然無所用其惕厲戒懼也夫惟惕厲戒懼然後動心忍性思患預防其于義理也察之益精于道德也守之益固故君子與小人處當横逆交加而怡然受之曾無怨懟之意者非惟樂天知命亦其自怡然也詩曰他山之石可以攻玉亶其然乎

大禮與天地同節大樂與天地同和禮樂相資而成至

道内以淑其身外以化其民皆由二氣之保合獨陰不生獨陽不成也知此則知禮樂不可斯須離矣

咸之象曰君子以虚受人惟虚故中無所窒而無所不受也盖虚者中無一物而無物不備之謂懷私徇欲以堙衆善之源者無論矣即所主者善而先立意見于胷中亦不足以盡在物之理而有所不能受舜之聞善若決江河由其心之本無一物耳

易曰天下之動貞夫一理固然也而能盡此者惟聖人

蓋心與理本一感物而動而紛然者不能一矣故有謂動爲妄者是不知動乃心之生于靜者也有謂一可執者是不知一乃理之散于萬者也聖人貞夫一則一貫于萬而動亦靜矣其動也若行雲之無心其一也若谷神之獨守

上之獲不獲友之信不信有命而誠不誠在我上與友皆外來之遇獲上信友不可不以誠而極其誠未必盡信友獲上君子亦盡其在我反身而誠焉斯可矣

天德王道其本一也一者何曰心而已聖人言王道必本諸一心然心不可以名象形不可以言語飾不可以事功論不可以鬼神惕蓋敬鬼神而遠之鬼神亦吾心中之一物耳以事功論則唐太宗致治之盛幾于成康而于古聖王天德王道一以貫之者則概乎其未有聞也至于言語名象更為枝蔓其不可以徵心明矣故記言王道亦曰心無為也以守至正

日知薈說卷三

日知薈說卷四

周之興肇于文武而文武莫不好仁宜其天下無敵而殷士膚敏祼將于京也穆王耄荒而作刑以詰四方不仁之始也厲王虐而監謗不仁之極也馴致於平王之遷而周遂以不振始也以一國之寡好仁而興終也以天下之衆不仁而失豈非明效大驗哉是故人君清明在躬愷惻存心省刑薄稅節用愛民非徒開一時之治

平亦燕貽子孫無疆之業也

周宣王中興之業論者比之夏少康非過譽也然其後似不克終考之諸書如廢魯適不藉千畝喪師南國料民太原晏起廢朝而有姜后之諫勤民於遠而有祈父之詩王子晉以厲宣幽平並舉有由來云

自古撥亂反正之君必有攀龍附鳳之臣翼贊宣猷共襄大業雖運會使然要亦視乎為君者量之所受秦之亡也高祖興焉漢之亂也光武復焉是二君者其得人

獨多而其享國亦最久非若後世偏安小成者比也高祖之豁然大度尚矣光武績密視高帝差小然馬援稱其恢廓大度同符高祖其為大司馬而巡河北也南陽鄧禹仗策從之光武用其言且親信之於是馮異寇恂耿弇吳漢之儔拔茅彙征咸樂為用二三子者進而天下之大勢歸是光武之量固足以受之矣

高祖修外而不修内者也光武内外兼修者也高光之得賢才服勍敵與平定海内莫不皆同然既得天下之

後高祖則誅功臣耽酒色光武則保全勳舊興起學校却四夷貢獻以外論之固皆盡美以內論之光武盡善而高祖猶遜焉是以君子重內而畧外謂夫外暫而內恒也

漢高明高得天下之正比之唐宋尤為無疵余嘗論之漢高之天資過於明高而明高之學問優於漢高漢高處置後事若燭照龜卜而明高不能免靖難之亂是其明識之遜也然立法度理財賦興學校制禮樂經綸之

美固非漢高所能及漢高有韓彭之戮明高有胡藍之獄或則戕害功臣或則株連太廣有損仁厚之風不能為二帝諱然當羣雄爭逐之時割據自王各保疆土而能存此不嗜殺之心東蕩西平奄有四海孟子曰保民而王詎不信夫

漢明帝畫功臣於雲臺馬援以椒房之戚不得與夫援之功遠過於李忠景丹輩而與馮異寇恂相伯仲者也

昔祁奚之見稱於叔向也曰祁大夫內舉不避親外舉

不避讐使援而無功則帝之不畫乃公也援而有功則帝之不畫不可為公若謂因外戚而不與是猶有外戚之意存也何如有功而即畫之為正大乎且使後之外戚亦知外戚中有公爾忘私為國宣力如援其人者安知不預化竇憲鄧隲之儔而皆為良善也耶老氏云上德不德若明帝者其示公而反失大公之道者歟

考西漢享國二百餘年東漢亦享國二百蜀漢則自昭烈至於後主僅二世而失之昭烈之賢不及高光而武

傒一人亦不足以比蕭曹張韓鄧馬吳岑之衆况重以後主昏弱而當天已厭漢之時欲其克紹先業奄有九有不亦難哉是以聖王小心畏慎敬天勤民惟日孜孜不敢少懈者誠知訏謨善政克享天心即所以為子孫萬年之計也

宋文帝元嘉十六年立四學於京師以儒文史為三途而雜以老莊之學其於先王庠序學校之教失之遠矣善乎司馬温公之言曰天下無二道安有四學可謂切

中文帝之病

漢光武與唐太宗皆不世出之君其勤政納諫禮賢興學亦畧相等然建武之治不及貞觀者太宗有房杜王魏為之用光武有鄧禹吳漢輩而不盡其用以此見天下之治全在用人而用人之能盡與不能盡則又治之至與不至所以分也或謂光武之不任鄧禹吳漢未始非保全功臣之善道然不擇其臣之賢否而槩不任事則亦光武之失歟

唐太宗貞觀之治人率多魏徵之直諫不知徵之所以能直諫皆因太宗之虛懷道之使諫從善如流故也然當時進諫者多矣太宗獨歸美於魏徵者亦以徵至公為心而不事形迹面從是戒而必盡讜言任强直之責而不顧擅權之譏陳激切之論而不畏誹謗之議四者有一於此則不能直陳魏徵能去之太宗能察之是以君臣一德為近古所罕覯歟

唐太宗之初即位也於放宮女定勳臣之後即置弘文

館選賢才之士以講求天下之政虛懷納諫以收衆益論止盜則先廉吏欲去佞則務至誠其反覆指陳皆切中時事此誠有見於偃武修文之道即初服之規模而經國久遠燕貽子孫之法舉槩見於此矣葢開創之時武盛而文衰是宜崇文承平之際文興而武弛是宜修武太宗居開創之初天下甫定故崇文以濟武而置館以選舉天下之賢講論天下之政非徒以文詞已也且太宗率將卒習射於顯德殿其不忘武備之意昭昭甚

明讀史者慎毋以治天下之道惟在文而不在武斯論得其平而亦萬世保邦之畧也

唐太宗論張元濟尋究盜狀以魏徵之對但歸過煬帝故有非特煬帝無道臣下亦不盡心之語斯語也豈太宗護惜煬帝而為之辭哉蓋為政之道實在上下一心君必導臣以直臣必事君以忠君有所不知臣必竭忠以告之然後幽隱無蔽天下無不平之患也張元濟之尋究盜狀煬帝實不之知告而不赦斯煬帝之罪也有

司以煬帝已令斬決遂不執奏元濟亦不能以所尋實非賊者之六七人上告卒致枉承者二千餘人駢首盡戮是誰之罪歟雖然其所以不上告者亦因煬帝平日之草菅民命有以導之也魏徵既以此戒太宗太宗又以有司及元濟之不入告戒其臣既知深戒乎此則當時之政上必不忍暴刑以虐其下下必不敢欺蔽以愚其上可知已貞觀之所以稱盛治皆由爾時君臣交相儆勉孜孜不怠之一念致之也夫清明每始於兢惕而寛

濫總起於怠荒豈外一心而他求也哉

唐太宗以荀悦漢紀賜李大亮亦出於一時之偶然而尹氏起莘乃以為太宗之勵其臣以義不以利若然則魏徵之諫伐馮盎賜絹五百上十漸疏又賜以金甕豈大宗之視魏徵轉不如大亮之不可以利誘乎夫讀史者亦識其大端知其體要而已若必事事臆度而懸揣之以為古人具有深意焉吾未見其有當也

唐元宗躬耕興慶宫側得重農之意抑亦開元之政也

當是時元宗志氣清明留心治理焚珠玉以戒侈賜吐蕃詩書以柔遠天下太平幾致刑措是孰使之然哉亦由元宗勵精圖治用致化理耳元宗能恒保此心勤於為政以養民為先以奉己為後則貞觀之治可得侔矣乃天寶以後卒至荒淫過度百家之產費於一日朱門饜酒肉路旁有餓殍豈向者躬耕重農之心於是而或亡哉良由理不勝欲公不勝私轉愛民之心為剥民之具是知一念之善惡而政教隨之捷於影響可不戒乎

唐明皇幸蜀肅宗即位靈武天下多事安史久而後平三鎮相繼以煽兵戈嵗興供餉載道壯者危於鋒刃弱者苦於輸將天下户口減耗已及三分之二焉然則富庶之盛果足恃乎

唐憲宗初年吐突承璀自東宮得幸承閒欲有關說憲宗心憚裴垍使勿言及攻澤潞無功而還垍又疏請斥之以謝天下憲宗即罷其領兵聽言圖治若是其鋭也及旣定淮蔡志盈意滿信用皇甫鎛等裴度諫之而不

聽度之諫其言切於埳而鑄撓亂國政其罪浮於承瓘然而取舍頓異者血氣用事心無所主安樂則荒耳唐文宗初志以拯亂為務措置乖宜卒召甘露之變其後茍延旦夕保位為幸而顧以衣衫三澣自詡無怪乎柳公綽之唾其末節也夫為君有為君之體為臣有為臣之體為臣而失為臣之體害止身家為君而失為君之體禍遂蔓延於天下人君當天下已平多難已定雖受四方之奉初無損於聖明即或偶服澣衣亦無不可

特非沾沾焉以是為美德也文宗時祖宗之天下大半棄之矣即使臥薪嘗膽猶恐不及尚何顏服澣衣而無愧且自詡盛德也哉

三代以下言利之朝莫若漢武帝宋神宗葢由桑弘羊王安石巧説以為不加賦而國用足不知天下之財不在官則在民譬如澤中之水流者日多聚者日涸耳且實而按之當時政治之舛固不待言其所聚之財亦安在哉

蕭何與曹參嘗有隙及何沒所薦者惟參參卒守何法而勿失人不多參之能而多何之公也雖然使參常人也則必變何所為且有以議其後漢治幾不泰哉為國之臣不顧己私而惟其治之當韓范上殿爭論下殿不失和氣率用是道然韓范窮經力學夙負經濟才故其所見者大蕭曹起刀筆吏所為有古大臣風余以是為尤難也漢賢相首稱蕭曹不其宜哉

漢博士之置雖發自公孫弘而董仲舒實開其端賢良

策云不素養士而欲求賢譬猶不琢玉而求文采也又曰諸不在六藝之科孔子之術者皆絕其道無使並進武帝善其言以仲舒為江都相自後乃置五經博士夫湛深經術孰有過於仲舒者因仲舒之言而置博士反擯仲舒於江都無亦信公孫弘之徒而使賢否混淆不得竟用之過歟

孔明不遇昭烈則抱膝隆中歌梁甫吟以終老耳昭烈不得孔明則亦拊髀自嘆以是終身焉已然昭烈與孔

明何由作合哉故余嘗推司馬德操之氷鑑其功與孔明同良爲此也抑又思獻帝時漢室陵夷已不可救使得如德操輩坐鎮朝廷運籌帷幄或尚可挽回萬一余故惜夫漢季之君舍祖宗育養之才以爲他人資或隱而弗見至於大事弗可爲乃欲與婦人女子謀誅奸雄適以自速其斃不亦大可哀哉

孔明用舍行藏之義幾同於顔子而以管仲樂毅自比者豈其志趣規模僅限於二人所成就哉意者公見當

時漢綱陵夷黎民塗炭初不異於春秋戰國之際即有管樂亦不足以拯其溺然猶賴得君而小有所就也三顧之前蓋無有能知臥龍者矣目睹時之凋敝而不忍江河之日下有不禁慨然於管樂之尚能遇主者不然以公之蹟考公之心設僅以管樂自比則白帝託孤之後大星未隕之前保蜀之功亦足以比於管樂矣何必深思大慮惓惓於漢賊之不兩立王業之不偏安至於鞠躬盡瘁死而後已也哉夫自比管樂而管樂實不逮

公此可見公之心之虛而業之廣矣故百世下許公者以為有王佐氣象也

羊陸二人惟相知之深故相憚之極不得已而為相好之事君子觀於抗亡而祜亟亟於滅吳可以知當日二人交歡之時勢矣

唐史載虞世南志性抗烈每論及古先帝王為政得失必存規諷多所補益太宗嘉之亦曰朕有一言之得世南未嘗不悅有一言之失世南未嘗不悵恨羣臣皆若

世南天下何由不理是則太宗之取世南世南之見重
於太宗豈徒文學哉
世之治也人敦實行而去浮華世之亂也人務虛名而
競文藻故文運關乎國運君子於文之厚重澆薄而即
以覘時之盛衰隋開皇四年詔公私文翰並宜實錄亦
一時良法但行之不永有名無實六朝之風未革而隋
亦遂以亡蓋六朝之弊始於魏之三祖崇尚文詞橫於
晉之何王清談悞世遂使瑰麗競尚古質漸失佻達成

風綺靡無行文日繁而政日亂葢以此也及唐有天下而昌黎韓子岀起八代之衰為諸儒之倡始克返華後而歸質實世道人心有攸賴焉夫言為心聲心之所存而言形之其所係豈淺鮮哉

婁師德之薦狄仁傑可謂智深而勇沉者矣武氏固梟狠多猜使師德暴揚仁傑於衆則武氏必疑為一黨仁傑不得用非唐室福也故師德不欲使人知已薦仁傑仁傑亦不自知為師德所薦逮武后告之而後有婁公

盛德之歎此並非仁傑感知己之深乃服其韜晦不露且以復唐自任也迨後姚元之張柬之更進迭用皆因仁傑之舉卒以滅周興唐所謂善處危難有濟困之才者吾於師德見之

李光弼大敗史思明於河陽天下之勢遂定當是時實因白孝德奮勇爭先斬賊將劉龍僊而三軍之氣倍增顧未戰而僕固懷恩先賀戰勝曰觀其攬轡安閑知必克蓋孝德義理之氣裕於平時故志壯心安也嘗考段

太尉逸事狀所載孝德用秀實計署秀實為都虞侯郭晞士卒縱暴無賴者皆取以懸纛街後遂不復横是孝德固以愛民為政非武夫戰卒比故臨敵之際神色自閑乃素所涵養然也蓄義理之勇而挾矛大呼亂流竟進是血氣得義理為楨幹而勇乃大勇矣非特孝德之捷為然也光弼之得制全勝亦以是而已矣

疾風知勁草板蕩識忠臣天寶之亂順賊者非明皇素所謂忠臣乎伏節者非明皇素不識面者乎而顔杲卿

兄弟不以位卑職小盡其謀猷矢其忠悃一死於祿山一死於希烈君子以是為尤難也

宋李沆為相嘗曰居重位無補惟中外所陳利害一切報罷之朝廷防制纖悉備具或徇所陳行一事即所傷多矣斯言也得失參半焉夫朝廷防制自有章程受之先王百世不易然豈無因時制宜當博採兼聽者乎博採之兼聽之以試其可否果無益於時者罷之可也未嘗試之而一切奏罷豈所以廣言路哉若謂中外所

陳利害皆無足觀而惟朝廷舊制是遵則政久弊生亦將置若罔聞乎夫小人妄陳利害擾國政而乖是非者固常有之矣然不可因此而遂絶中外之陳奏也懲噎廢食豈理也哉

郭子儀李光弼起朔方牙將振難宣忠克摧逆鋒雖立功各不同而國祚復安二人均有力焉其用兵也軍士咸樂子儀之寛而憚光弼之嚴兩者並稱然吾以為用兵其暫也事君其恒也子儀之事君也功葢唐室而主

不疑權傾天下而衆不嫉朝聞命夕就道用之則竭力勤王舍之則閉門自守光弼晚年頗有嫉讒自安之舉吐蕃寇京師代宗詔光弼入援畏禍遷延不行夫觀其暫若彼觀其恒若此蓋智力可勉強而德量不可勉強故也

或曰孔子言君子無爭韓魏公與范文正公上殿爭論下殿不失和氣不失和氣是也上殿之爭非爭乎不知夫子之所謂爭蓋謂相競以氣而不循乎理耳朝廷之

上社稷之大計俟吾一言以定是非安危而惟觀望順從緘口不出一言豈君上所賴哉其所爭者非一身一家之事也國與天下之事也至下殿不失其和則仍歸於無爭也若如或人所云則李林甫以立仗馬諷諸言官可謂息爭端而舜禹皐益吁咈一堂之上不可謂中天郅隆之世矣

晉文之霸成於城濮之戰其命帥也趙衰舉郤縠焉且曰縠敦詩書而說禮樂詩書義之府也禮樂德之則也

然文之勝楚終不在此其稱舍於墓分曹衛之田以畀宋私許復曹衛以携之執宛春以怒楚皆譎道也雖幸而勝所失亦已多矣使文公明大義以責楚之不共會諸侯以討楚之有罪其誰不服而必區區用譎豈知德義者哉

韓昭侯任用申不害抑亦殘忍矯偽人也即其藏敝袴曰以待有功夫人而無功則不宜賞人而有功則敝袴不可以賞詩曰彤弓弨兮受言藏之我有嘉賓中心貺

之言報有功也昭侯欲以敝袴待有功其視功臣何輕哉昭侯與申不害同其心術故忍偽乖張至於此而後世傳為美談至以不僭賞目之抑亦愚矣

晏平仲周及三族人服其彰君賜陳氏以家量貸而以公量收晏子識其為奪齊國夫同一施惠於人而晏子與陳氏賢奸各異非公與私之異趣乎

漢法陵遲狗尾致誚唐綱不振墨勑肆行至於關内侯因爛羊頭大將軍告勑纔易一醉叔世風頽爵位失叙

豈惟縉紳之羞亦云國家之憂也宋太祖定法以文武常參官考滿即遷非循名責實之道罷之又任子之法臺省六品諸司五品登朝嘗歷兩任者然後得請所以示名器不輕假人也淳化中置審官院考課中外職事受代京朝官引對磨勘始復序進之制又誕聖節及三年南郊皆聽奏一人特恩不預焉由是奏薦之恩寖廣雖君恩之逮亦非所以慎名器也仁宗用范仲淹富弼策乃復定磨勘任子法兩地臣僚非有勳德善狀不得

非時進秩京朝官磨勘年限內有無勞績及舉者數取旨朝官須三年無私罪有監司及清望官五人為保任方遷磨勘之法於舊為密焉裁損奏補入仕之路罷聖節奏蔭恩而任子之恩亦殺朝廷之綱紀由是而立名器由是而重而范富之外補亦肇於此矣小人不顧人國而惟己之圖如此哉恐磨勘之嚴而僥倖不得以驟進因奏蔭之殺而姻戚不得以敘官于是惡其興是議者而百方以中之雖仁宗之賢亦不免焉向使磨勘任

子之法由是而定則可以傳之後世而無弊宋制多因循范富二公不懼衆人之議毅然行之卒亦不得遂其志焉可歎也夫

殷浩累辭徵辟有似乎清然自其末年違桓温書一事觀之向之所謂清者有利心焉却利以釣名與攫利同然攫利者人輒輕之而釣名者非具卓識之君子不能别而斥之也殷浩誠士林之蠹哉

漢武帝時財窮民困盜賊蜂起一二言利之臣更欲賦

民三十以助邊用豈不知民之疲而茫然為之哉無亦伺上意邀恩寵耳自武帝悔悟用田千秋為富民侯由是興利之輩漸去趙過之儔一時並進以是知天下未嘗無人惟在上之嚮用與否耳然千秋之為富民侯葢亦有說先是千秋為高廟寢郎上急變訟戾太子寃上由是重之葢千秋覘上頗知太子無他意也其言借高祖之神而啓上悟以是時上猶好神仙耳及帝封禪後見羣臣乃言曰朕即位以來所為狂悖宜悉罷之千秋

遂進罷遣方士之論則度上意之厭神仙而首變其說也由是觀之千秋豈亦出於蘇張詭遇之術歟不然輪臺悔過之後迄於昭帝在位之年一日未嘗離宰相位而所設施究無可稱則千秋之本末可知矣使千秋有王佐才得武帝英明之君迎其悔過之機殫厥忠悃以輔主德一變至道其所施為必有可觀者語云明君良臣相須殷而相得彰吾於武帝末年益惜其無良臣云東漢黨錮之禍此天亡漢而善人君子之厄運也然予

以為時賢亦不能無過者蓋忠直之言小人之讐也小人蟠據於上而遽欲忠直之得信難矣且嶢嶢者易缺皎皎者易汙諸賢相與標榜不為括囊之無咎而為壯趾之征凶亦自速其死也夫死而有益於國家死亦何憾所可惜者死之無益而又使國家有害賢之名是諸賢之所為過甚而未審乎出處之宜也孟子曰位卑而言高罪也位卑者之所言詎非忠言然在聖明固不待卑位之言而季世又孰用其言者言且足以賈罪而諸

賢之矜情厲氣又從而甚之何以免哉昔王安石之禍程伯子曰亦吾輩有以取之則知大賢處世不為太高之行凡以言語氣節相鼓者必其涵養有未至窮理有未精也歟

鍾鄧爭入蜀之功濬渾競平吳之績鍾渾不足論而鄧艾之亡王濬之禍君子有譏焉李愬能於破蔡之日以謙抑自處且有以矯蔡人之頑悍示王朝之禮秩不誠度越諸將哉

孫盛書枋頭一事豈尚計一已之聲名榮利者乎計聲名榮利者必不至以死生易之此太史所以重於齊而董狐所以重於晉也其心以為記載在一時而是非昭垂使亂臣賊子不得逃其誅於千載之下雖其身之顛沛流離至死而不顧乃盛於清談盛行之時而獨能不畏強禦以成信史不足多哉

陶侃才望素隆使討蘇峻之役如救焚拯溺刻不容緩敵王所愾以全臣節吾謂長沙之績可以與管葛比肩

王導謝安非其倫矣而左右觀望心懷不平必待溫嶠反覆開陳而後決在侃固所以疾庾亮也其如朝廷何哉豈其時忘運甓之志歟

古弼佐太武常稱之曰社稷臣跡其以弱馬給獵騎則重軍國而輕遊畋也不發牛車運麋鹿則勤民事而緩從禽也夫上有所好在下者惟恐奉行不適上意以獲重譴弼乃權國事之輕重非禮者雖上所命直違之而不予太武亦知其賢信任有加豈非聽言納諫惟期政

理平寧之主哉

北魏房景伯之母因郡民有列其子不孝者使其子立堂下而名其母對食命景伯供食凡二十餘日其子叩頭流血母亦涕泣乞還胡氏以為崔母知教化之原吾以為景伯固一州之長也州之民不知其幾百千萬也使景伯知教化之原在於孝弟而躬親以率之學校以教之獎善以勸之罰惡以懲之興孝舉弟敬老慈幼則州之民羣化於孝弟且無至景伯之堂而母子相陳以

傷天倫者矣今州有一人焉列其子之不孝者崔母命景伯供食以愧之且至二十餘日之久設州民復有如是者崔母又將命景伯供食歟又將二十餘日歟是舍一州之政而惟供食以示民之是務將不勝其傚且勞矣教化之原夫寧若是夫所謂原者若網之綱裘之領苟能提綱而絜領則順者不可勝數也孝弟誠教化之原然非平日有以興其天良使民皆知孝弟之在已確然而不可移胣然而不能已亦何能移風易俗胥天下

而不變哉故就一事論崔母知教化之權就州長論景伯實未盡教化之道也

范甯數進忠言指斥姦黨素為孝武所親徒以疾王國寶卒被譖出為外郡此可見正人難近小人易惑雖素所信任之人而一入讒說黜之無疑也使孝武不出范甯徐邈等國寶之亂未必至此極而王恭輩晉陽之甲亦無辭以興矣語曰善人天地之紀也其言豈欺我哉

牛李爭納維州司馬公以為德裕所言者利也僧孺所

言者義也維州本唐地有故有之地此舉不涉於為利矣且天子以四海為家人之慕義而來者固可以拒之不受而且使歸以斃其命乎況僧孺非挾讐之言為猶可當時牛李之黨已成矣僧孺徒欲以快私忿不知敗德裕之事即所以敗國家之事人臣不忠莫此為甚而司馬公猶以為義乎至胡氏則以為以維州歸吐蕃失祖宗土宇縛送悉怛謀沮歸附之心僧孺以小信妨大計夫以小信妨大計猶為僧孺曲言之綱目大書曰吐

蕃將悉怛謀來歸維州不曰叛而曰來及贈以右衛將軍也又特書於後無有貶辭則知悉怛謀之來歸李德裕之欲受皆出於至正僧孺不過欲沮德裕而為之辭耳吾據綱目書法以斷司馬胡氏之論而牛李之是非已不辨而明也

田疇被劉虞一日之知為虞達表長安及虞討公孫瓚不克而死疇歸祭謁虞墓雖瓚之威有所弗顧後居徐州能相約束結以威信北邉翕然其人之信義才智皆

非常人所及逮曹操擊烏桓欲封為侯又固拒不受吾益信疇為當時罕見之人惜乎漢政陵夷不能復振使賢能者鬱於下而不伸若疇者僅一見用於劉虞而未遂厥志抱恨以終嗚呼其亦可哀也矣

唐自肅代德順禍亂相仍而宦寺之用事日甚一日中使不已至於監軍監軍不已至於典禁典禁不已至於佐命於是建置天子在其掌握而威權出人主之右原其始由天子之寵信太甚考其終天子欲求其一笑而

不得是豈非勢之日流日下而禍已釀成雖有智者亦僅付之太息流涕而莫可如何然劉蕡不顧己之死生存亡而忠言讜論亹亹數千言使正士覽之而氣壯智者鑒之而遠害雖一時無救於禍敗而千載共仰其忠誠豈不偉哉

唐室藩鎮之禍至德宗之世極矣當是時人各懷不臣之心天子威令不能下行即擁兵觀望未忍逆命者亦不多得況其志雪朝廷之恥而恭順恪謹相率以勤王

事者豈非天下所公與哉李抱真以數騎詣王武俊營開誠布公勸以忠義約為兄弟誓同滅賊雖抱真逼於田悅未必無自全之策而於朱滔田悅諸鎮逆命之秋獨能以誠悟武俊相率勤王此綱目所以褒美特筆書之亦春秋之㫖歟且夫師克在和武俊之軍於南宫也兩軍尚相疑貳使抱真徵有顧望之志則事不諧矣抱真告其司馬則曰今日之舉繫天下之安危若其不還領軍事以聽朝命亦惟子勵將士以雪讐恥亦惟子是

置己之死生安危於度外而惟以國家之事為重者也卒得武俊之和而朱滔不久敗亡天下於是稍定非抱真之功其誰之功哉乃逆命者未聞有所誅斥而效順者未聞有所褒嘉馴致賞亦有所不受誅亦有所不懼國不可以為國矣吾故以是嘆德宗之闇也

唐之季世民困極矣有張全義者獨能以愛民為先籌其衣食時人為之語曰張公不喜聲伎惟喜佳麥良繭豈非知政本者乎全義雖不如古之名臣亦可謂是時

之良臣使僖宗置之相位授以重任彼既能規畫於河南豈不能措置於朝宁所以挽頹波而拯溺俗必更有可觀者而終於是巳焉君子以是重為唐惜之

王建起草賊終能得蜀保有一邦其聽軍士王先成條列七事遂以取彭州非有經遠之慮取才之量不能也然建既用其言而不録其人是能取賢而不能任賢也苻堅得一王猛委任之專遂有天下之半先成所白七事實當時之要務與捫虱而談者何異若能推廣其意

而善行之天下不足平也而建不能宜乎所保有者止一蜀地而已

薛聰仕北魏為侍御史每遷必讓讓必固魏主褒之曰卿天爵自高固非人爵之所能榮也蓋自伏軾結劉之士以順為正不知禮義廉恥之可尊而惟以博金紫取禄位為事夫然故在上者益不知士之可貴而謂爵禄在上之所司可以奔走牢籠天下天下士惟吾命之是從而上日尊士日賤非上之驕亦下之自賤使之也聰

能修天爵而不要人爵可貴在己而不在人於是魏主亦以非人爵所能榮稱之使君不敢目士為惟吾所奔走牢籠者薛聰也自成其貴而并有以成君之美視三代以下驕諂之俗顧不偉歟顧不偉歟

孔子曰鄙夫可與事君也與哉其未得之也患得之既得之患失之茍患失之無所不至矣夷考千古國家之興未始不因得賢者而其衰未始不由用鄙夫代宗廣德元年河北諸州已降有史朝義降將薛嵩田承嗣李

懷僊者叩懷恩馬首乞行間自效懷恩恐賊平寵衰奏留嵩等以為黨援朝廷亦厭兵遂以為節度使河北三鎮之横自此始是後治兵完城自署將吏貢賦不通婚姻相援父死子嗣兄終弟及朝廷有弗從則三鎮連横以拒命流至於李茂貞韓建朱全忠之亂而唐遂以亡嗚呼懷恩之恐賊平寵衰亦細事耳由此一念代宗不悟因循苟且授人太阿其後未嘗無憲宗之剛斷武宗之英明而卒莫之救懷恩鄙夫固不足論獨恨代宗用

患得患失之人而弗知自貽其禍其後懷恩亦終至於叛使當時用郭子儀李光弼為將則消患於未然定亂於未萌又安有藩鎮逆命之事乎然是時郭李之不得董兵由魚朝恩程元振居中用事實阻撓之是以知人君欲去外之鄙夫必先去其内之鄙夫欲去内之鄙夫又當先去其心之鄙暗董子曰人君正心以正朝廷正朝廷以正百官正百官以正萬民未有失其本而能治其末者也未有亂其内而能正其外者也故人君治天

下有道曰先正其心

天下之事有敗於怠忽而成於乾惕者亦有得於雍容而失於拘謹者葢雍容可也怠忽不可也乾惕可也拘謹不可也唐李德裕之相武宗史稱其休沐如令沛然若無事時豈非雍容有度而不過為拘謹者哉夫人之處事亦限於才力之大小譬射之能中百步者百步以外不能保其必中元和以後之相竭蹶從事不暇休沐或繼火乃罷然所理者何亂所服者何鎮是拘謹之無

成而才力之不足有爲也德裕遇武宗君臣相資阜然有撥亂之志而兼有禁暴之才故其時内侍歛迹藩鎮屏息至其休沐如令在德裕則可在他人則不可益德裕之才力以他相爲有餘耳

玉之在璞追師知之珠之在蜯鮫人知之惟人之品術極始終之殊致雖古帝猶難知之然知人之道亦驗之於理而已矣唐王楊盧駱一時稱爲能文裴行儉以勃等雖有文華而浮躁淺露非能享爵禄者楊子稍沉静

應至令長餘得令終幸矣其後皆如其言行儉之所以知四子者亦豈外夫揆之以理哉當其時四子之所以行己與夫行儉之所以觀人必不僅如史之所紀學者不以理揆之必以行儉之知人為神奇不測如是則聖人何必以為難哉夫神奇不測非難而平易合道之難其能以理論人者必其自足於理者也

唐綱不振叛息風頽專務姑息藩鎮強横浸淫至於五代割據兼并犯令陵政伺弱乘危以成逆志登受禪之

臺竊黼扆之座者皆藩鎮也以故朱溫秉旄宣武當羣雄覬望之時首發大難逞其兇頑椒殿血流唐祚移矣既而亞子興晉陽之甲弘繼事之志屬均王膏粱之子才能不過中人又朱氏稔惡之後梁之宗社一旦歸唐宜矣莊宗鋭始怠終從珂移鎮名禍敬塘一入唐遂以亡背約取危晉亦頓滅智遠之得國頗正而承祐無遠大之志奮誅戮之威使郭威得以藉口一舉而漢祚復移於周葢五十餘年之間凡五易國而其間以别姓入

繼者又可指數也五代之亂可謂至極至宋而天下始定於一豈勢力所及哉有道故也推其致亂之由皆藩鎮跋扈尾大不掉太祖以杯酒片言解數百年不可解之錮習而天下之治平亦不盡係乎此功德不足以及兆民區區智取術馭豈能久遠乎故運世必有其本也王安石免役之令不為無補既無追呼刑責之苦且鮮輓輸力作之勞而按户科配所費實鮮當時士大夫顧以口角爭之且爭之而不能窮其詞如文彦博云惟與

士大夫治天下非與百姓治天下是豈足以折安石之喙乎彥博之說似本於孟子巨室之所慕一國慕之之意不知此正所以與百姓治天下也即當時免役豈能無弊弊在務多斂而取贏也又在今雖免役而異日助役如故仍復受役也彥博不知議及此但云祖宗法制不可更張以失人心至以為與士大夫共治非與百姓共治尤理不足以伸其詞是皆安石逆料必有是論而適合其意者也豈足以移安石之志哉

古人云天下治亂關宰相人主得失係經筵張居正輔政當顯宗沖齡屢進講經史外則總攬朝政明智善斷於時治雖未純亦可謂之小康君雖未哲亦可謂之守道蓋居正以一人而兼宰相經筵之任皆有成效非有大過人之才不能獨其剛愎自用嫉人長護己短懼大權他屬高拱以元老而被斥馮保以奸宦而交通至於廢制守喪心冀留任何不顧義理至此極也雖然顯宗有居正而朝廷清明天下無事太僕寺積金至四百餘

萬及居正没而内則奢侈外則盜賊民不聊生蓋居正心不端而才有餘公不足而智有餘方之房魏韓范非其等夷方之李林甫蔡京大相逕庭大約張説吕夷簡之儔而乘時建立過之謂之忠臣不可謂之奸臣不可吾將謂之才臣焉乃身没未幾家産籍没子嗣遠竄雖禍自已名顯宗亦刻薄寡恩哉

徐有功當武氏肆毒於上酷吏恣虐於下守死善道為人所難為其度量過人遠矣卒之保護善類紀綱不至

大壞人心不至大散狄仁傑又培植之而張柬之遂因以復唐祚人但知有功爲周行寛政而不知有功爲唐之苦心也唐人潘好禮著論以爲勝於張釋之特爲其持刑一節耳至有功之心事尚未深切言之歟

三代以下稱賢君者漢有文帝唐有太宗皆恭儉恵愛政無繁苛民用以寧然文帝之德雖優於太宗而少時名臣有賈誼而不能盡其用唐之房杜王魏同心一德相贊一庭貞觀之治尤稱盛焉至四年豐穰極矣豈無

致之之故哉夷考其時上嘗與羣臣語及教化封德彝勸帝以刑罰繩天下魏徵勸行仁義上卒從徵言偃武修文與民休息至於四年天下遂大稔流散者歸鄉里斗米三錢夜戶不閉上歸功於魏徵而曰惜乎不使封德彝見之夫人君莫不說順己之人而惡逆耳之言太宗獨從魏徵而遠封德彝其修己固已審矣旣臻其盛不忘規諫之人二喜一懼之論尤致意焉此其所以保安常治而不危也歟

千古之學無二端也内不欺己外不欺人者謂之學内負於己外負於人者則不得復謂之學然己不負人強恕者猶能勉焉至寧人負己則非知命不惑者不能唐德宗時四十餘州大水陸贄請賑德宗謂淮西貢賦既缺不必遣賑而贄以秦穆救饑寧人負我無我負人為言德宗乃悟胡氏寅以忠恕知命許之當矣而又謂敬輿之學為誠洙泗之徒夫世有洙泗之學而可以偽為者哉寅蓋有慨於周衰道廢權謀名法清淨之術凡自

外於洙泗之學者皆能立功效於一時而後之學者多浮慕焉故以贄為之準的也夫德宗之世羣小用事正人不容德宗復以猜忌御下欲人臣之各盡其情難矣獨贄以忠誠明辨開悟人主而所言亦間被施行是其為學實無愧於天無怍於人而非曲學取媚之可比人臣致身其尚以贄為法哉

唐憲宗之始即位也稱名相者四人杜黃裳裴垍李絳裴度是也黃裳遇君於初而抱才以沒志未大施裴度

克平淮蔡卓乎尚矣獨裴垍李絳出處略同然絳以讒罷垍以病終明哲保身絳猶遜於垍乎夷考唐史所載垍之言曰垍不敢以私害公又稱其獨賞諫官之能言時事者則垍之所以保身實出於君子之明哲而非委曲從時偷容取媚者所可比夫不敢以私害公不過人臣自善之一端而賞諫官之言事則是以言事君繩愆糾繆格其非心得古大臣之遺則矣

諸葛孔明為三代以下第一流人物約其生平亦曰公

忠二字而已公故無我忠故無私無我無私然後志氣清明而經綸中理故其言曰我心如稱不能為人作輕重所謂止水無心而平量明鏡無心而照形以物為心而不逐於物者也尤不可及者孔明之器識規模三代以下未見其倫比而況區區一隅之人士乎乃數戒羣吏勤攻其過失其虛以受人而不敢自是如此此其所以肩隨於伊吕也歟

唐姚崇宋璟為相有高仲舒者博通典籍有齊澣者練

習時務姚宋每坐二人以質所疑且曰欲知古問高君欲知今問齊君姚宋能知二人之賢亦已難矣又况能知二人之各有所長推斯道也雖虞廷官人工虞水火各當其材者亦不過因是以馴致耳

人臣外而忘家内而忘身并忘已之勲猷節概然後能遇非常之事而處之一如其常苟不能忘其勲猷節概則猶視君與已為二人而有所牽制何則信道猶未篤自知猶未明也韓魏公之為臣實能忘身忘家并忘其

勳猷節概者也故不動聲色而措天下於泰山之安且並不見已之措天下於泰山之安若魏公者亦可謂信道篤而自知明矣信道篤而自知明則雖無魏公之時位亦可以信其能措天下於泰山之安如顔子之簞瓢陋巷不改其樂是也而其氣象規模又穆乎其深遠矣

日知薈說卷四

孔子大學一書用傳古聖王明德新民之道其所從入以致知為始事而誠意次之蓋未有意不誠而能修齊治平一以貫之者也未有知之不極其至而意能誠者也見於經傳者至湯武君臣始相與言學高宗成王猶勉勉焉湯武上聖而孟子以為反之蓋聖學之難純如此然非謂性之者遂無所為學也觀堯舜禹相傳所以審辨於危微之介者非致知之學乎所以致精致一以守其中者非

誠意之學乎臣鄂爾泰獲侍

皇上講誦於今五年矣曩者嘗承

命序樂善堂文鈔其義藴之深閎風格之高古有目者

共識而臣竊觀我

皇上鎔經液史所以究興衰治亂之根源察邪正是非

之幽渺者皆不襲前賢之緒論而必求自得於心

又時就所言反求諸身私慶

聖心實能以致知誠意之學體驗於

當躬而重為四海生民幸也
御極以來動應民志實政實心慊乎天下用能以數月
之中俾老幼賢愚皆忻忻然自得於遐荒萬里之
外近者
幾務餘暇復自擇論辨之文前集所未載者為日知
薈說
命臣等各綴跋語而
御製序文謂録此以驗諸行事伏念我

皇上今兹治教之日興乃曩者典學致知之明效也而
猶不忘素學時以自體察又設誠於内而致行之
之大驗也夫湯武以堯舜為必可學故能為湯武
高宗成王以湯武為必可學故能為高宗成王以
聖性之高明
聖學之淵粹而加以
聖心之誠一三代聖王之治將復見於今矣臣少備宿
衛未暇殫心載籍謹就所夙聞於經書者達其愚

悃言之不文而以承

寵命為愧而已

乾隆元年秋七月少保大學士臣鄂爾泰敬跋

在昔三代聖王之治皆由學而成凡散見於詩書
者其根源可尋繹而見也漢唐以後英明仁厚之
君非無性資之高求治之切者而終無以躋於三
代之隆蓋由學焉而未探其根源故所以濬其知
者不能深而致於行者不能篤耳我
皇上徇齊敦敏夙承
世宗憲皇帝之教自問寢視膳而外耳目心志一用之於
學而他無間焉故於五經四子之書早洞見其根

源而參考漢唐宋元諸儒之義疏以折衷於至當循是以觀諸史其治亂安危之幾無微不察也循是以慎取百家之言其出入離合淺深之數無隱不燭也循是以懸衡人物推極事理皆灼知獨見而無匿情用是發為文章言高而旨遠理達而氣昌得心應手俄頃立就而迴出於前賢思議之表

臣廷玉奉

先帝恩命簡侍講讀十有餘年實親見焉纂者彙集衆體

為樂善堂文鈔既承
命而為之序近復别擇論辨之文二百六十條為日知
薈說仍
命臣跋之伏見
皇上繼序以來凡見諸政教者一準於天理而應乎人
心之不言而同然是以數月之中近自邦畿達於
山陬海隅莫不忻忻然若時雨之沃其心春陽之
被其體葢我

皇上好古敏求日有孜孜以致其知者既深且固故今之宵衣旰食以行所知者篤實充周時措咸宜由是以往法天行健恒久不已則德化所成直比隆於三代豈惟遠過漢唐而已哉臣廷玉讀是編而爲天下臣民慶者彌厚且遠焉微特依日月之光挂名簡末而與有榮施也

乾隆元年秋七月少保大學士臣張廷玉恭跋

臣聞法天之學與時偕行而惟日不足自古聖帝明王兢兢業業無敢怠荒胥此志也我
皇上以睿聖之姿夙稟
世宗憲皇帝庭訓沖齡懋學於經史子集靡不綜貫用是
發為文章深醇和懿玉振而金聲
御製樂善堂文鈔臣既承
命而敬為之序矣
御極以來本所學以出治仁育義正粹然純王之道而

萬幾之暇不輟編摩復取曩所論述釐為日知薈說四
卷仍
命臣跋其後臣惟在昔夏先后思日孜孜亦越成湯日
新又新逮周成王日就月將學有緝熙于光明皆
以剛健篤實日新其德而茲編命名獨有取於子
夏之說者蓋
皇上之學基之以望道未見之心勵之以自強不息之
力要之以純亦不已之誠故雖

聖學高深已非游夏所能贊而
聖性沖挹惟見義理之無窮則我
皇上之心法治法與先聖同揆者即於是乎在豈但文
章之盛度越百王已哉臣載稽傳記惟日周天惟
聖憲天故陽暉所照萬里同晷者清明在躬萬物
皆睹之象也歲度躔次與天相及者體乾行健乘
時御天之象也其在天保之章曰如日之升蓋人
臣望君德業之昭著福祿之緜長皆取義焉臣以

遲暮之年幸厠見知之列材識駑下無能發明
聖學於萬一敬述其管蠡窺測所及以竊附於天保詩
人之志焉
乾隆元年秋七月大學士臣朱軾謹跋

我

皇上聰明天亶睿哲性成稽古典學孳孳不怠凡天人

之奧蘊聖賢之述作無不極其源流旨趣

宸章炳煥動合典謨茲萃輯歷年論譔區為四卷名曰

日知薈說

御製序文弁首宣示近臣臣敏得以與觀乃拜手稽首

颺言曰道術之與治術合而不分者也自唐虞以

精一執中肇開道統其時在廷諸臣亮工熙績稱

極盛焉禹湯文武由之以為治洙泗鄒嶧闡之以為教詩書所載可考而知也漢唐以後非無英君誼辟刻意治平然無格致誠正之學裕諸平日故雖有措注設施非偏而不舉則駁而不純道術治術歧而為二尚論者每致惜焉我

皇上懋德日新緝熙時敏實有以見政事之綱紀心性之淵微經史之要眇紬繹發明洞中窾會故筆諸簡册即可播諸施行

臨御以來仁政仁聞光昭遠邇過化存神之盛良由極
深研幾蘊於素者厚也臣侍從有年學術荒陋無
能贊助萬一仰
聖製之高深惟有恭敬奉持深思熟復庶幾稍窺一二
不至老而無聞臣不勝深幸且為天下蒼生幸也
乾隆元年秋七月都察院左都御史兼翰林院掌
院學士臣福敏恭跋

臣聞帝王之學必求端於天天以剛健中正運行
不息而成歲功帝王法之精一執中懋昭厥德如
禹之思日孜孜湯之聖敬日躋周成之日就月將
悉皆遥接心源恢張治道而先天後天與時偕行
以馴致久道化成之盛我
皇上纘承大統建極綏猷於用人行政阜民敦俗之方
犁然各當蓋由夙遵
世宗憲皇帝庭訓遜敏敬修熟復六經四子之書旁及儒

先之緒言諸史之義法靡不深探力索洞其根源故舉平日所蘊蓄見諸治教體立用行與在昔聖帝明王若合符契臣自辛亥歲侍直

內廷敬讀

樂善堂文鈔廣大精微隱括道統嗣後詩賦古文日加裒積臣基親見

皇上引筆洋洋千言立就而論說尤多自身心性命國政民生以暨衡論古人一經研剖精義卓立星辰

麗而江河行茲以
萬幾餘暇親揀擇若干條定為日知薈說夫日君象也
易曰日進无疆詩曰如日之升
皇上徇齊典學緝熙光明精神貫注於億萬斯年而朝
乾日惕法天行健迪知而允蹈焉心源治道一以
貫之凡是書所載包含萬有囊括古今洵典謨之
矩鑊官禮之菁華也臣就日近光早得霑沐
聖訓景星慶雲先覩為快今復

賜讀成書承
旨附名卷末益欽
盛德大業富有日新而臣材質謭陋仰荷陶成於數言
錫極之中誠屬遭逢之厚幸云
乾隆元年秋七月吏部左侍郎兼翰林院掌院學
士臣邵基恭跋

總校官舉人臣章維桓
校對官庶吉士臣潘紹觀
謄録監生臣李大猷

圖書在版編目（CIP）數據

日知薈說 / (清) 高宗撰. — 北京：中國書店，2018.8
ISBN 978-7-5149-2059-8

Ⅰ. ①日… Ⅱ. ①高… Ⅲ. ①政書－中國－清前期 Ⅳ. ①D691.5

中國版本圖書館CIP數據核字(2018)第080084號

四庫全書·儒家類

日知薈說

作者　清·高宗撰
出版發行　中國書店
地址　北京市西城區琉璃廠東街一一五號
郵編　一〇〇〇五〇
印刷　山東汶上新華印刷有限公司
開本　730毫米×1130毫米　1/16
印張　18
版次　二〇一八年八月第一版第一次印刷
書號　ISBN 978-7-5149-2059-8
定價　六六　元